Taekwondo 4

Konstantin Gil · Kim Chul-Hwan

Taekwondo perfekt 4

Die Formenschule der Großmeister
Mit Übersichtstafeln aller
17 Taekwondo-Poomse

FALKEN

Vom selben Autor sind im FALKEN Verlag außerdem erschienen:
»Illustriertes Handbuch des Taekwondo« (Nr. 4053)
»Taekwondo« (Nr. 347)
»Taekwondo perfekt 1« (Nr. 890)
»Taekwondo perfekt 2« (Nr. 976)
»Taekwondo perfekt 3« (Nr. 1068)

Die Deutsche Bibliothek – CIP-Einheitsaufnahme

Taekwondo perfekt / [Fotos : Foto-Studio G. + M. Köhler, Leonberg]. Konstantin Gil ; Kim Chul-Hwan. – Niedernhausen/Ts. : FALKEN.
NE: Gil, Konstantin; Fotostudio G. & M. Köhler <Leonberg>
4. Die Formenschule der Grossmeister mit Übersichtstafeln aller 17 Taekwondo-Poomse. – 1992
(FALKEN Sport)
ISBN 3-8068-1250-0

ISBN 3 8068 1250 0

Titelbild und Fotos: Foto-Studio G. + M. Köhler, Leonberg
Zeichnungen: Pia Selbach, Wuppertal
Die Ratschläge in diesem Buch sind von den Autoren und vom Verlag sorgfältig erwogen und geprüft, dennoch kann eine Garantie nicht übernommen werden. Eine Haftung der Autoren bzw. des Verlags und seiner Beauftragten für Personen-, Sach- und Vermögensschäden ist ausgeschlossen.
Satz mit elektronischer Bildintegration: Grunewald Satz & Repro GmbH, Kassel
Druck: Dresdner Druck- und Verlagshaus, Dresden

817 2635 4453 6271

Inhalt

Vorwort

Dieser vierte Band der »Taekwondo perfekt«-Serie schließt unsere gesamte Poomse-Reihe und deren Techniken ab. Zum einen zeigen wir Ihnen darin die letzten vier Bewegungsformen, zum anderen im Anhang alle 17 Poomse gemeinsam als herausnehmbare Übersichtstafeln und die dazugehörigen Kurztexte. Vieles Wissenswerte über diese, für das moderne Taekwondo in den 60er Jahren geschaffenen, Bewegungsformen finden Sie in den vorangegangenen drei Bänden »Taekwondo perfekt 1 bis 3«.

Um Ihnen zu einem noch besseren und tieferen Verständnis der Formeninhalte und deren Interpretationen zu verhelfen, wollen wir über den Symbolgehalt der Formdiagramme und den Zusammenhang der jeweiligen Formen sprechen.

Wie bereits in »Taekwondo perfekt 1« beschrieben, ließen sich die Schöpfer der Poomse von den nach chinesischer Überlieferung 5 000 Jahre alten acht Zeichen der Macht zu den acht **Taegûk**-Poomse inspirieren. In diesen Zeichen des sagenhaften Königs Fu-Hi bildet der unterste Strich die Grundlinie und ist somit Start- und Zielpunkt einer jeden **Taegûk**-Poomse. Die beiden oberen Striche gelten jeweils als Wendepunkte und Richtungen. Durchgehende Striche werden als stark und gebrochene als schwach angesehen.

In Übereinstimmung mit dieser Tatsache bemühte man sich, den Charakter dieser Striche durch die Bewegungen innerhalb der Formen aufzuzeigen und zu unterstreichen. So kommt es, daß der Ausführende auf einer starken Linie sowohl mit dem rechten als auch mit dem linken Fuß je einen Schritt in jede Richtung geht, während er auf den gebrochenen schwachen Linien immer nur einen Fuß in jede Richtung setzt. Besonders bemerkenswert ist, daß auf den schwachen Linien manchmal zwei oder drei Schritte gemacht werden. Das scheint aber nur so, denn es sind lediglich Stellungswechsel, vorgenommen durch den in die jeweilige Richtung gesetzten Fuß. Folglich kann bei jeder **Taegûk**-Poomse anhand der seitlichen Bewegungen das dazugehörige Diagramm direkt erkannt werden. Bemerkenswert ist auch, daß in den **Taegûk**-Poomse zum **Gûman** immer der linke Fuß zur Ausgangsstellung bewegt wird, während der rechte stets stehen bleibt.

Jedes der acht **Taegûk**-Zeichen hat eine Fülle von Bedeutungen, von denen die Poomse-Schöpfer die jeweils treffendsten als Symbole gewählt haben. Es sind Elemente, Zustände oder Eigenschaften, die den Zeichen zugeordnet sind und welche in den Bewegungsformen widergespiegelt werden. So hat der Wind zum Beispiel die Eigenschaft, entweder in eine Richtung oder in wirbelnder Bewegung zu wehen. Dies wird in **Taegûk-oh-jang** (Nr. 5) geradezu genial demonstriert: Harte und gerade Bewegungen befinden sich hier in einem rhythmischen Zusammenspiel mit fließenden und drehenden Bewegungen. So repräsentiert die erste

Form, **Taegûk-il-jang**, durch die Vielfalt der Bewegungen und das unkonventionelle Vorgehen innerhalb der Form den Himmel, hier gleichgesetzt mit dem Schöpferischen. Die Klarheit der Techniken und der Bewegungen in der zweiten Form dokumentiert heitere Gelassenheit, die schnellen und zielgerichteten Zwei- und Dreifachbewegungen in der dritten Form feuriges Temperament. Wer einmal im Gebirge direkt über sich den Donner erlebt hat, weiß, was es heißt, vom Donner gerührt zu sein. Unter diesem Aspekt werden die Bewegungen der vierten Bewegungsform sichtbar. Das Fließen, Stehen und Stürzen des Wassers empfindet die sechste Form nach. Vom Gipfel eines Berges kann man die vielfältige Pracht des Landes ringsum bewundern, hier symbolisiert durch die Vielfalt der Techniken der siebenten Bewegungsform. Die Bewegungen und die beiden Sprungtechniken der achten Form deuten auf die Fruchtbarkeit der Erde hin, die Leben entstehen läßt und für die Ernährung sorgt.

Der enge Zusammenhang zwischen den **Taegûk**-Trigrammen und den Formeninhalten wirkt sich natürlich auch auf die Ausführung der Poomse aus. Das Symbol wird durch bestimmten Rhythmus und fein bemessenen Krafteinsatz in der Form sichtbar gemacht. Doch was für die **Taegûk**-Poomse gilt, gilt im gleichen Maße auch für die mit Namen bedachten höheren Bewegungsformen. Auch hier sind Symbolgehalt und Ausführung aufs engste miteinander verknüpft.

Wie eingangs erwähnt, befindet sich der Start- und Zielpunkt einer Form jeweils auf der untersten Linie, der Grundlinie eines Trigramms oder eines der anderen Bewegungsform-Diagramme. Davon ausgeschlossen sind einige symmetrische Figuren, wo sich der Ausgangspunkt genau in der Mitte des Diagramms befindet. Um eine weniger umständliche Darstellung der Abbildungen zu erzielen, haben wir die Formen mit dem Gesicht zur Kamera beginnen und enden lassen. Deshalb stehen die Diagramme aller Bewegungsformen durch die Bilddarstellung quasi auf dem Kopf. Die richtige Diagramm-Darstellung ist in den Überschriftleisten der Formentafeln abgebildet.

Konstantin Gil

Konstantin Gil hat mit seinen beiden beim FALKEN Verlag erschienenen Lehrbüchern (1972 und 1978) Pionierarbeit für die deutschsprachige Taekwondo-Literatur geleistet. Gil wurde 1946 in Kowno/Litauen geboren und kam 1959 in die Bundesrepublik. Er lernte Maschinenschlosser, bildete sich weiter und ist heute Chef vom Dienst von TAEKWONDO AKTUELL, der offiziellen Fachzeitschrift der Deutschen Taekwondo Union (DTU).

Mit Taekwondo fing Konstantin Gil 1967 an. Seine Lehrer waren Moon Yang-Keun und Kwon Jae-Hwa. Er schlug zunächst die Kämpfer-Laufbahn ein, wurde 1970 beim Deutschen Verband für waffenlose Selbstverteidigung Deutscher Vizemeister und 1977 beim DJB Dritter der Internationalen Deutschen Meisterschaft. 1972 war er mit seiner Mannschaft Deutscher Vizemeister und 1973 Deutscher Meister. 1976 errang er bei einem deutsch-amerikanischen Turnier den ersten Platz bei den Poomse-Meisterschaften, war 1984 und 1985 Rheinland-Pfälzischer und 1987 Deutscher Poomse-Meister. Seine Prüfung zum 5. Dan legte er 1987 ab.

Kim Chul-Hwan

Der vielfache koreanische Meister und Weltmeister von 1973, Kim Chul-Hwan, wurde 1953 in Korea geboren. Nach dem Abitur besuchte er die Technische Hochschule in Seoul, die er 1975 nach erfolgreichem Studium als Maschinenbau-Techniker abschloß.

Seine sportliche Laufbahn begann Kim Chul-Hwan im Alter von neun Jahren 1962. Beim Gewinn des Mannschafts-Weltmeister-Titels 1973 bei der ersten Taekwondo-Weltmeisterschaft war er bereits ein berühmter Kämpfer. Nach seiner ersten Erringung der Asienmeisterschaft 1974 wurde er in Korea zum Sportler des Jahres gewählt. Insgesamt errang er 24 koreanische Titel. Sein letzter großer Erfolg war der Meistertitel bei den Pre World Games 1978. Danach beendete er seine Wettkampflaufbahn.

Im Dezember 1978 kam er in die Bundesrepublik und führte in ganz Niedersachsen die neuen Poomse ein. In Aachen und Umgebung gründete er ab 1980 sechs Vereine, die alle den Namen „Hankook“ (Korea) tragen und der Deutschen Taekwondo Union (DTU) angeschlossen sind. 1986 bekam Kim Chul-Hwan von der World Taekwondo Federation (WTF) den 7. Dan zugesprochen.

Phonetik, Fachausdrücke und Erklärungen

Phonetik der koreanischen Namen

Vokale

ae = **ä** wie in M**ä**rchen
ŏ = offener Laut **zwischen a und o** wie im engl.: n**o**t
oe = ö wie in **Ö**l
oo = **u**
ŭ = fast stimmloser Laut **zwischen u und e**
y = ein Laut **zwischen i und j**
Andere Vokale werden wie im Deutschen ausgesprochen.

Konsonanten

ch = **tsch** wie in Deu**tsch**land
j = **dsch** wie in **Dsch**ungel
s = **ß** wie in da**ß** oder Fa**ß**
w = flüchtiges, mit für u geformten Lippen gesprochenes **w** wie im engl.: **w**ill
Die übrigen Konsonanten entsprechen den deutschen.

Koreanische Fachausdrücke

A

Ahôb – neun (9)
An – innen, nach innen
An-chagi – Tritt von außen nach innen
An-chigi – Schlag von außen nach innen
An-makki – Block von außen nach innen; **allgemein:** mit dem Außenunterarm
An-palmok – Innenunterarm (Daumenseite)
An-palmok-bitûró-makki – gewundener Block mit dem Innenunterarm
An-palmok-pyojôk-arae-makki – Unterleibs-Zielblock mit dem Innenunterarm (gegen Handfläche)
Ap – vorne, vorwärts
Ap-chagi – Vorwärtstritt
Ap-cha-olligi – Vorwärtsbeinschwung
Apchuk – Fußballen
Ape – nach vorne
Ape-chigi – Schlag nach vorne
Ap-gubi – vorne gebeugt, Vorwärtsstellung
Arae – Unterleib, ab Nabel abwärts
Arae-bo-jumôk – Startstellung: die linke Hand umfaßt die rechte Faust in Bauchhöhe
Arae-makki – Unterleibsblock; **allgemein:** mit dem Außenunterarm

B

Bakkat – außen, nach außen
Bakkat-chagi – Tritt nach außen, Auswärtstritt
Bakkat-makki – Block von innen nach außen; **allgemein:** mit dem Innenunterarm
Bakkat-palmok-gawi-makki – Scherenblock mit den Außenunterarmen

Bakkat-palmok-gôdûrô-makki	– Außenunterarmblock nach außen mit Unterstützung
Bakkat-palmok-makki	– **allgemein**: Außenunterarmblock nach außen
Balbadak	– Fußsohle
Baldûng	– Fußspann
Baldûng-chagi	– Tritt mit dem Fußspann
Balnal	– Fußaußenkante (Fußmesser)
Bainal-dûng	– Fußinnenkante (Fußmesserrücken)
Bam-jumôk	– Mittelfinger-Knöchelfaust
Bam-jumôk-jirûgi	– Stoß mit der Mittelfinger-Knöchelfaust
Bandae	– gegen, das Gegenteil
Bandae-dollyô-chagi	– Gegendrehtritt
Bandae-jirûgi	– gegengerichteter Faustst0ß
Bandal	– Halbmond
Baro	– gleich, zurück zur Ausgangsstellung
Baro-jirûgi	– gleichgerichteter Fauststoß
Batangson	– Handballen, Handfläche
Batangson-chukyô-makki	– Handballenhebeblock
Batangson-mirô-makki	– Handballenschiebeblock
Batangson-nullô-makki	– Handballendruckblock (Abwärtsblock)
Bitûrô	– winden, verdrehen
Bitûrô-chagi	– gewundener Tritt nach außen
Bitûrô-makki	– zirkelförmig gewundener Auswärtsblock mit dem Innenunterarm
Bo-jumôk	– Startstellung: die linke Hand umfaßt in Kinnhöhe die rechte Faust
Böm-sögl	– Tigerstellung

C

Chagi	– Tritt
Charyôt	– Achtung! Kommando zur Achtungsstellung
Chigi	– Schlag
Chil	– sieben (7)
Chirûgi	– Stich mit den Fingerspitzen
Chokki	– Füße
Chông	– blau
Chông-sûng	– Sieger »blau«
Chukyô	– heben
Chukyô-makki	– Hebeblock

D

Dan	– Meistergrad (Schwarzgurt 1. bis 10. Dan) ab dem 16. Lebensjahr möglich
Danryôn-dae	– Abhärtungspfosten
Dasôt	– fünf (5)
Digût-cha	– U-förmig

Digût-chamakki	– U-förmiger Block mit den Handspannen
Dobok	– Taekwondo-Trainingsanzug
Dojang	– Taekwondo-Trainingshalle
Dolchôgwi	– Drehangel, Mühle
Dollyô	– drehen
Dollyô-chagi	– Drehtritt, Halbkreistritt
Du	– zwei(fach), doppelt
Du-batang-son-chukyô-makki	– Hebeblock mit beiden Handballen
Dubôn	– zweimal, Zweischritt-, Doppel-
Dubôn-jirûgi	– mit beiden Fäusten schnell hintereinander geführte Fauststöße: Doppelfauststoß
Dubôn-kyôrugi	– Zweischrittkampf
Du-jumôk	– Doppelfaust
Du-jumok-hôri-sôgi	– Zwei-Faust-Bereitschaftsstellung
Du-jumôk-jechyô-jirûgi	– Doppelfauststoß mit nach unten gedrehten Faustrücken
Du-jumôk-sewô-jirûgi	– gleichzeitiger Stoß mit zwei senkrecht gestellten Fäusten
Du-mejumok-yôpguri-chigi	– Schlag mit beiden Kleinfingerfäusten zu den Rippen
Dul	– zwei (2)
Dûng	– Rücken
Dûng-jumôk	– Faustrücken
Dûng-jumôk-ape-chigi	– Faustrückenschlag nach vorne
Dûng-jumôk-bakkat-chigi	– Faustrückenschlag nach außen
Dûng-jumôk-dwit-chigi	– Faustrückenschlag *nach hinten*
Dûng-jûmok yôp-chigi	– Faustrückenschlag zur Seite
Dwi-dollyô-chagi	– rückwärts gedrehter Tritt
Dwiro-dora	– umdrehen, wenden
Dwit	– hinten, rückwärts
Dwit-chagi	– Rückwärtstritt
Dwitchuk	– untere Ferse, Sohlenferse
Dwit-chigi	– Rückwärtsschlag
Dwit-gubi	– hinten gebeugt, Rückwärtsstellung
Dwitkumchi	– hintere Ferse, Achillesferse
Dwit-palkup-chigi	– Ellenbogenschlag nach hinten
Dwit-pal-sôgi	– Rückbeinstellung

G

Gawi	– Schere
Gawi-makki	– Scherenblock; **allgemein:** Tiefblock mit dem Außenunterarm des einen und Körperblock mit dem Innenunterarm des anderen Armes
Gesok	– Weitermachen! Kommando zum Weiterkämpfen
Gibon	– Grund, Basis
Gibon-junbi	– Grund-Startstellung
Gihap	– konzentrierter kurzer Schrei

Gôdûrô – Unterstützung
Gôdûrô-makki – Block mit Unterstützung
Gôlchyô-makki – Einhackblock
Gu – 9. (Ordnungszahl)
Gubi – beugen, gebeugt
Gûman – Schluß!, Ende! Kommando zum Beenden einer Übung oder eines Kampfes
Gyôpson-junbi – Startstellung: die linke Hand bedeckt die rechte in Bauchhöhe
Gyôtdari-sôgi – formlose Frontalstellung

H

Han – einzel, Ein-
Hana – eins (1)
Hanbôn – einmal, Ein-Schritt-
Hanbôn-kyôrugi – Ein-Schritt-Kampf
Hanson – eine Hand, Einzelhand-
Hansonnal – Einzelhandkante
Han-sonnaldûng – Einzelhandkantenrücken
Han-sonnal-dûng-makki – Block mit einzelnem Handkantenrücken
Hansonnal-makki – Einzelhandkantenblock nach außen
Hechyô – Keil, auseinander
Hechyô-makki – Keilblock; **allgemein:** mit den Außenunterarmen
Hoejôn – Runde, Kampfrunde
Hogu – Kampfweste
Hong – rot
Hong-sûng – Sieger »rot«
Hoshinsul – Selbstverteidigung
Huryô – Peitsche
Huryô-chagi – der Peitschenfußschlag mit der Achillesferse
Hyông – Form

I

I – 2. (Ordnungszahl)
I-hoejôn – 2. Runde
II – 1. (Ordnungszahl)
Ilgob – sieben (7)
Il-hoejôn (Irhödschôn) – 1. Runde

J

Jagûn – klein
Jagûn dolchôgwi – kleine Drehangel
Ja-wu-hyang-wu – zueinanderdrehen
Jayu-kyörugi – Freikampf
Jebipum – Schwalbenform, schwalbenflugförmig
Jebipum-sonnal-mokchigi – schwalbenflugförmiger Blockschlag: eine Handkante führt Gesichtsblock aus, die andere einen Schlag zum Hals
Jechyô – umgedreht
Jechyô-chirûgi – Fingerspitzenstoß mit nach unten gedrehtem Handrücken
Jechyô-jirûgi – Stoß mit umgedrehter Faust (Faustrücken nach unten)
Jirûgi – Fauststoß, Stoß

Juchum-jirûgi – Fauststoß in der Sitzstellung nach vorne
Juchum-sôgi – Sitzstellung
Jumôk – Faust
Jumôk-jirûgi – Fauststoß
Junbi – Vorbereiten! Kommando zur Startstellung
Junbi-sôgi – Startstellung (allgemein)

K
Kalyô – Auseinander! Trennkommando beim Kämpfen
Kamjôm-hana – ein Minuspunkt
Kima-sôgi – Reitsitzstellung
Koa – über Kreuz
Koa-sôgi – Kreuzfußstellung; das gebeugte Standbein wird von dem anderen vorne oder hinten überkreuzt
Kûmgang – Diamant
Kûmgang-ap-jirûgi – frontaler Fauststoß mit Gesichtsblock
Kûmgang-jirûgi – seitlicher Fauststoß mit Gesichtsblock
Kûmgang-makki – Diamantenblock: gleichzeitiger Gesichts- und Unterleibsblock mit beiden Armen
Kûn – groß
Kûn-dolchôgwi – große Drehangel, hakenförmig geführter Fauststoß
Kûp – Schülergrad (10. bis 1. Kûp)
Kyôk-pa – Bruchtest
Kyônggo – Verwarnung
Kyônggo-hana – eine Verwarnung = 1/2 Minuspunkt
Kyôngne (Kyôngle) – Grüßen! Kommando zum Grüßen
Kyôrugi – Kampf

M
Makki – Block, Abwehr
Me-jumôk – Faustboden, Kleinfingerfaust
Mirô – schieben, stoßen
Mirô-chagi – Stoßtritt
Mirô-chigi – Stoßschlag
Mirô-makki – Schiebeblock
Moa-sôgi – geschlossene Stellung
Mok – Hals
Mokchigi – Schlag zum Hals
Mom – Körper
Momdollyô – körpergedreht(er)-
Momdollyô-chagi – Tritt mit rückwärtiger Körperdrehung
Momdollyô-dwit-chagi – körpergedrehter Rückwärtstritt
Momdollyô-huryô-chagi – körpergedrehter Peitschenfußschlag
Momdollyô-naeryô-chagi – körpergedrehter Abwärtsfußschlag
Momdollyô-yôp-chagi – körpergedrehter Seitwärtstritt
Momtong – Körperstufe (Schlüsselbein bis Nabel)
Momtong-kûmgang-makki – gleichzeitiger Gesichts- und Körperauswärtsblock mit beiden Armen

Murûp – Knie
Murûp-chigi – Knieschlag

N

Naeryô – abwärts
Naeryô-chagi – Abwärtsfußschlag
Naeryô-chigi – Abwärtsschlag
Nalgae-pyôgi – beidseitiges Wegstoßen
Naranhi-sôgi – Parallelstellung
Net – vier (4)
Nullô – herunterdrücken
Nullô-makki – Druckblock (nach unten)

O

Oesantûl-makki – Zweiarmblock nach außen: mit dem einen Arm **Arae-makki**, mit dem anderen **Ôlgul-bakkat-makki** oder **Dûng-jumok-dwit-chigi**
Ogûm-sôgi – Kniekehlen-Stellung auf einem Bein
Oh – 5. (Ordnungszahl)
Ŏlgul – Gesicht
Ŏlgul-makki – Gesichtsblock; **allgemein:** mit dem Unterarm vor dem Gesicht
Ollyô – aufwärts
Ollyô-makki – Aufwärtsblock
Olligi – Beinschwung
Ŏpô – verdecken, umstülpen
Ŏpô-chirûgi – Fingerspitzenstich mit flach nach unten gedrehter Handfläche
Orûn – rechts
Orûn-sôgi – rechte Stellung
Ŏtgôrô – über Kreuz
Ŏtgôrô-arae-makki – Unterleibsblock mit gekreuzten Fäusten
Ŏtgôrô-makki – Block mit gekreuzten Fäusten
Ŏtgôrô-ôlgul-makki – Gesichtsblock mit gekreuzten Fäusten

P

Pal – Arm
Palkup – Ellenbogen
Palkup-chigi – Ellenbogenschlag
Palkup-dollyô-chigi – Ellenbogendrehschlag
Palkup-dwit-chigi – Ellenbogenrückwärtsschlag
Palkup-ollyô-chigi – Ellenbogenaufwärtsschlag
Palkup-pyojôk-chigi – Ellenbogenzielschlag (gegen die Handfläche)
Palkup-yôp-chigi – Ellenbogenseitwärtsschlag
Palmok – Unterarm
Poom – Form, Kinder-Meistergrad (1. bis 3. Poom) unter 16 Jahre
Poomse – Bewegungsform
Pyojôk – Ziel
Pyojôk-chagi – Zieltritt (Fußsohle gegen Handfläche)
Pyojôk-chigi – Zielschlag (Handkante oder Faustboden gegen Handfläche)
Pyojôk-jirûgi – Zielfauststoß (Vorderfaust gegen Handfläche)

Pyôn – flach
Pyônson – flache Hand
Pyônsonkût – Fingerspitzen der flach gestreckten Hand
Pyônsonkût-chirûgi – Fingerspitzenstich (Hand senkrecht)
Pyônsonkût-jechyô-chirûgi – Fingerspitzenstich mit nach oben gedrehter Handfläche
Pyônsonkût-ôpô-chirûgi – Fingerspitzenstich mit nach unten gedrehter Handfläche

S

Sa – 4. (Ordnungszahl)
Sabôm – Meister, Lehrer
Sabôm-nim – Großmeister, Lehrer ab 5. Dan
Sam – 3. (Ordnungszahl)
Sam-hoejôn – 3. Runde
Santûl – Bergform, bergförmig
Santûl-makki – zweiarmiger Gesichtsblock beidseitig vom Kopf
Sebôn – dreimal, Dreischritt-
Sebôn-kyôrugi – Dreischritt-Kampf
Set – drei (3)
Sewô – senkrecht
Sewô-an-chagi – Tritt mit der Fußinnenkante
Sewô-bakkat-chagi – Fußschlag von innen nach außen mit der Fußaußenkante
Sewô-pyônsonkût – senkrecht gestellte Fingerspitzen
Shigan – Wettkampfzeit anhalten
Sib – 10. (Ordnungszahl)
Sihap – Wettkampf, Wettbewerb
Sijak – Anfangen! Kommando zum Beginnen eines Kampfes oder einer Übung
Sôgi – Stellung
Son – Hand
Sonkût – Fingerspitzen
Sonkût-chirûgi – Fingerspitzenstich
Sonnal – Handkante, Messerhand
Sonnal-bakkat-chigi – Handkantenschlag nach außen
Sonnal-chigi – Handkantenschlag; **allgemein:** von außen nach innen
Sonnal-dûng – Handkantenrücken (Daumenseite)
Sonnal-dûng-chigi – Schlag mit dem Handkantenrücken; **allgemein:** von außen nach innen
Sonnal-dûng-hechyô-makki – Keilblock mit den Innenhandkanten
Sonnal-makki – Handkantenblock
Sonnal-mokchigi – Handkantenschlag zum Hals; **allgemein:** von außen nach innen
Sonnal-ôtgôrô-momtong-makki – Körperblock mit gekreuzten Handkanten

Sonnal-yôp-chigi – Handkantenschlag seitwärts
Sosûm-jirûgi – Stoß mit gleichzeitig aufwärts geführten beiden Mittelfinger-Knöchelfäusten
Sûng – Sieger

T
Taekwondoin – jemand, der/die Taekwondo treibt (auch Mehrzahl)
Taesan-milgi – gleichzeitiger Handballenstoß (ein Handballen zum Gesicht, der andere zum Unterleib)
Tora-yôp-chagi – rückwärtsgedrehter Seitwärtstritt
Twiô – Sprung, springen
Twiô-chagi – Sprungtritt, Tritt im Sprung
Ty – Gürtel

W
Wen – links
Wen-sôgi – linke Stellung

Y
Yôdôl – acht (8)
Yôl – zehn (10)
Yôp – Seite, seitwärts, seitlich
Yôp-chagi – Seitwärtstritt
Yôp-chigi – Seitwärtsschlag
Yôp-jirûgi – Seitwärtsfauststoß
Yôp-makki – Seitwärtsblock
Yôsôt – sechs (6)
Yuk – 6. (Ordnungszahl)

Erklärungen zu den Übungsbeschreibungen

Folgendes Muster wurde bei der Poomse-Beschreibung zugrunde gelegt:

Die **Zahl** über der Beschreibung bezeichnet die Bewegungsfolge.

Beschreibung:
a) Tritte, Körper- und Beinbewegungen
b) Bezeichnung der Stellungen
c) Handtechniken

Die **Pfeile** ➤ zeigen den Ablauf der Bewegungen an.

Richtungen:
V = vorn
H = hinten
L = links (1–3)
R = rechts (1–3)

Junbi = Anfangsstellung

Gûman = Endstellung

Jitae

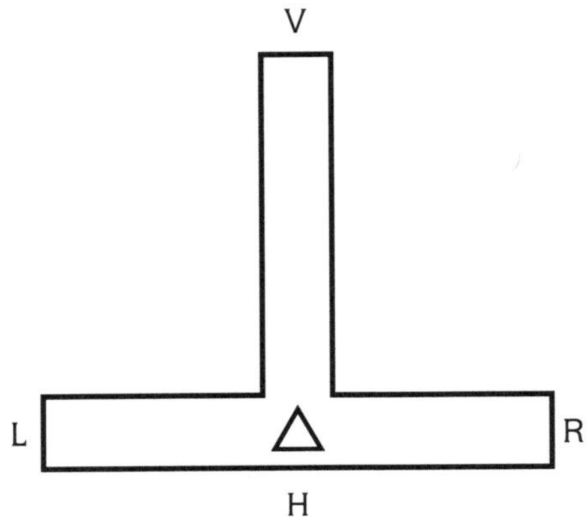

Dem fernöstlichen Glauben zufolge entsteht alles Leben aus der Erde und kehrt später wieder in sie zurück. Demnach ist die Erde der Beginn, aber auch das Ende des Lebens. Die Erde selbst befindet sich durch die von ihr hervorgebrachten Lebewesen sowie verschiedenste Naturphänomene in einem Zustand der fortdauernden Veränderung. Diese sich verändernden Eigenschaften vereinigt die Poomse *Jitae* in ihren Bewegungen.

Gerade so, wie der universelle Geist der Erde in der Bedingungslosigkeit und Vitalität des Lebens liegt, liegt der Schlüssel der Poomse *Jitae* in ihren Bewegungen, welche von bedingungslos richtigem Krafteinsatz und im Training gestählter Muskulatur bestimmt werden. Schnelle Bewegungen paaren sich mit langsamen Konzentrationsphasen und vermitteln auf diese Weise einen Einblick in die von außen nicht sichtbare mögliche Kraftentfaltung des Ausführenden.

Techniken zu Jitae

1 ➤

2 ➤
3

Kûmgang-ap-jirûgi

Ein frontaler Fauststoß mit einem gleichzeitig ausgeführten Gesichtsblock wird *Kûmgang-ap-jirûgi* genannt.

Die Technik beginnt mit *Jagûn-dolchôgwi* auf der Seite des Armes, welcher den Fauststoß ausführt. Beide Arme führen simultan ihre jeweils spezifischen Bewegungen für *Jirûgi* und *Ôlgul-makki* aus.

Junbi ➤

1

Junbi

a) Mit dem Gesicht in Richtung **V** stehen, den linken Fuß zur Seite stellen
b) **Pyônhi-sôgi**
c) **Gibon-Junbi**

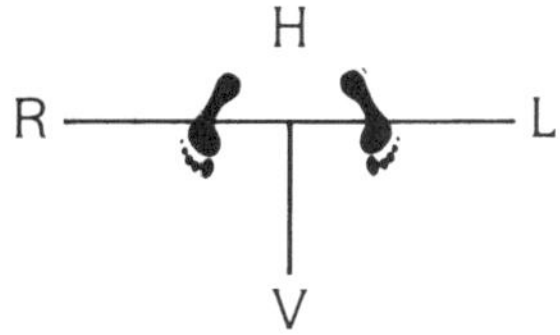

1

a) Den linken Fuß in Richtung **L** setzen
b) Rechts **Dwit-gubi**
c) Links **Momtong-bakkat-makki**

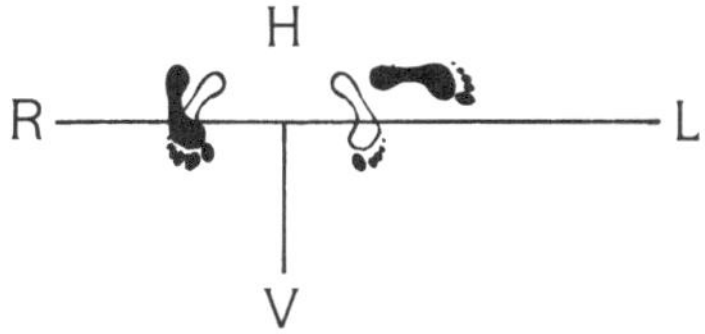

4

a) Links in Richtung **R** vorgehen
b) Links **Ap-gubi**
c) Erst links **Ôlgul-makki**, dann rechts **Momtong-baro-jirûgi** langsam, aber kraftvoll ausführen

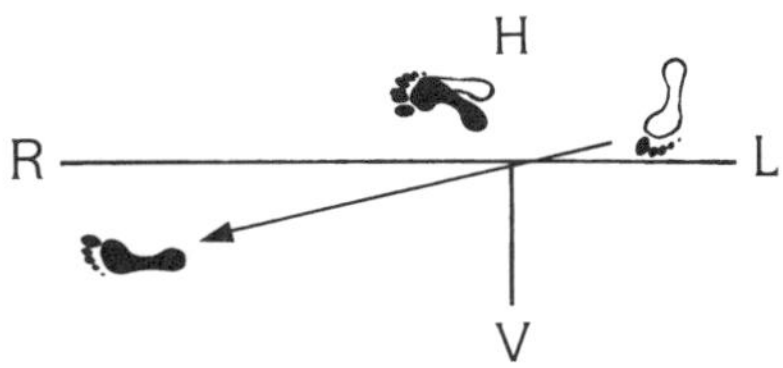

2a ➤

4c

4a ◄

◄ 4a

2c ➤ ➤

2

a) Rechts in Richtung **L** vorgehen
b) Rechts **Ap-gubi**
c) Erst rechts **Ôlgul-makki** dann links **Momtong-baro-jirûgi** langsam, aber kraftvoll ausführen

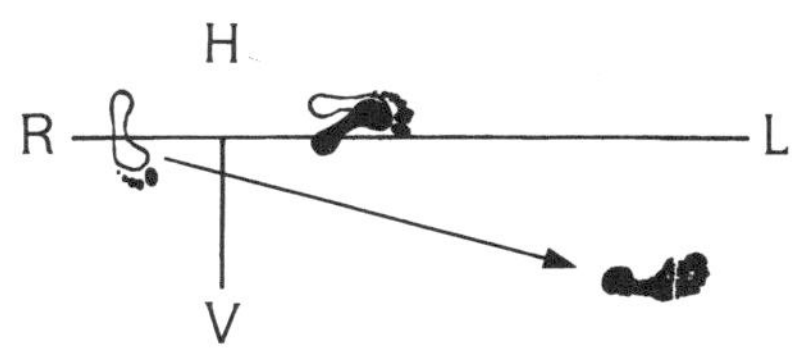

3 ➤

3

a) Auf dem linken Fuß rechtsherum wenden, den rechten Fuß in Richtung **R** setzen
b) Links **Dwit-gubi**
c) Rechts **Momtong-bakkat-makki**

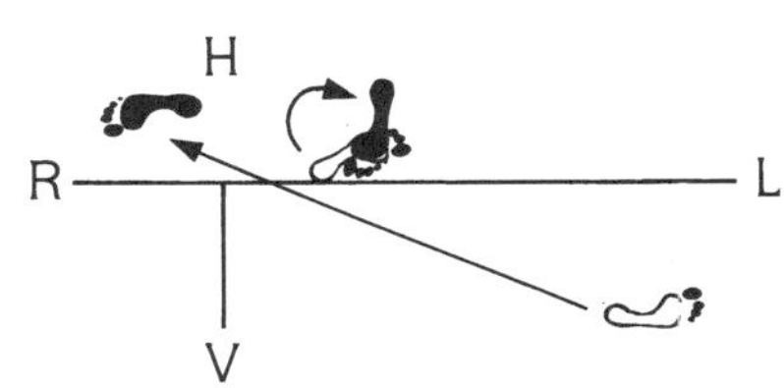

5 ➤

6 ➤

5

a) Auf dem rechten Fuß nach links drehen, den linken Fuß in Richtung **V** setzen
b) Links **Ap-gubi**
c) Links **Arae-makki**

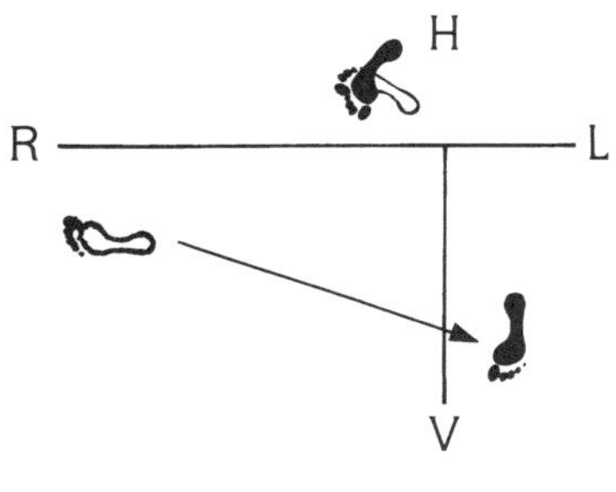

6

a) Den linken Fuß etwas zurückziehen
b) Rechts **Dwit-gubi**
c) Links **Hansonnal-ôlgul-makki**

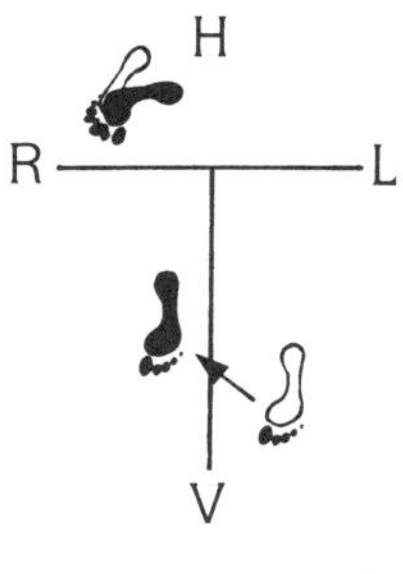

7a ➤

7c

7

a) Rechts **Ap-chagi** treten und in Richtung **V** absetzen
b) Links **Dwit-gubi**
c) Rechts **Sonnal-arae-makki**

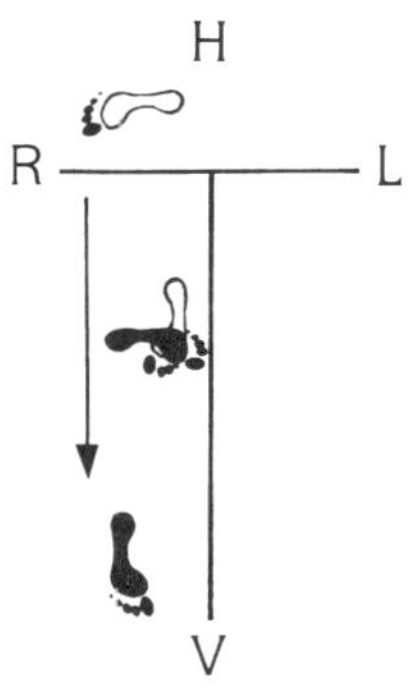

8 ➤

9a ➤

8

a) Die Füße bewegen sich nicht von der Stelle
b) Unverändert links **Dwit-gubi**
c) Rechts langsam, dabei aber kraftvoll **Bakkat-palmok-bakkat-makki** ausführen

9

a) Links **Ap-chagi** treten und in Richtung **V** absetzen
b) Rechts **Dwit-gubi**
c) Links **Sonnal-arae-makki**

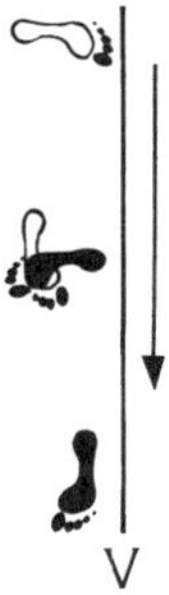

9c ➤

10

10

a) Links etwas vorgleiten

b) Links **Ap-gubi**

c) Links langsam, aber kraftvoll **Ôlgul-makki** ausführen

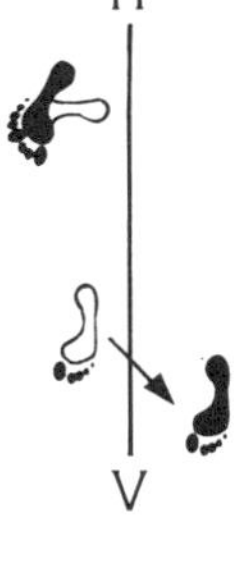

11

a) Rechts in Richtung **V** vorgehen
b) Rechts **Ap-gubi**
c) Rechts **Kumgang-ap-jirûgi** (links **Ôl-gul-makki,** rechts **Bandae-jirûgi,** wobei der in **10** gemachte Gesichtsblock noch einmal ausgeführt wird)

11 ➤

Anwendungsbeispiel der Bewegung 11

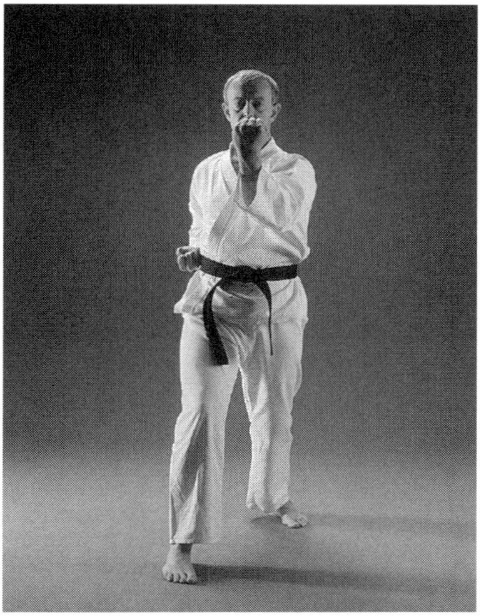

12c1 ➤

12c2

12

a) Die Füße bewegen sich nicht von der Stelle
b) Unverändert rechts **Ap-gubi**
c) Erst links, dann rechts **Momtong-anmakki**

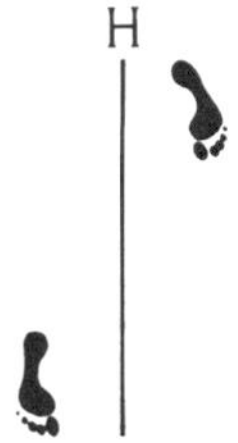

13

a) Rechts zurückgehen
b) Rechts **Dwit-gubi** in Richtung **V**
c) Links **Hansonnal-arae-makki** in Richtung **V**

13 ➤

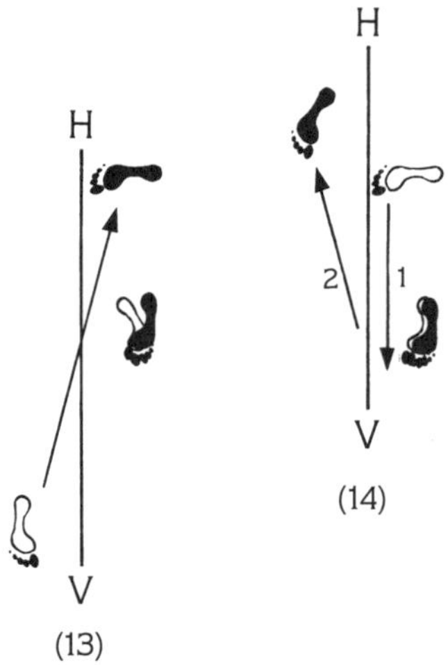

14a ➤

▼ 14c1

14

a) Rechts **Ap-chagi** in Richtung **V** treten und wieder zurücksetzen
b) Links **Ap-gubi**
c) **Momtong-dubôn-jirûgi** (erst mit der rechten, dann mit der linken Faust stoßen)

14c2

15

a) Den linken Fuß in Richtung **H** zurücksetzen und auf die Linie **HV** stellen

b) **Juchum-sôgi** mit dem Gesicht in Richtung **L**

c) **Hwangso-makki** mit Blick in Richtung **L**

15 ➤

16

a) Den Kopf in Richtung **H** drehen

b) Unverändert **Juchum-sôgi**

c) Links **Arae-yôp-makki**

15 aus Richtung **L**

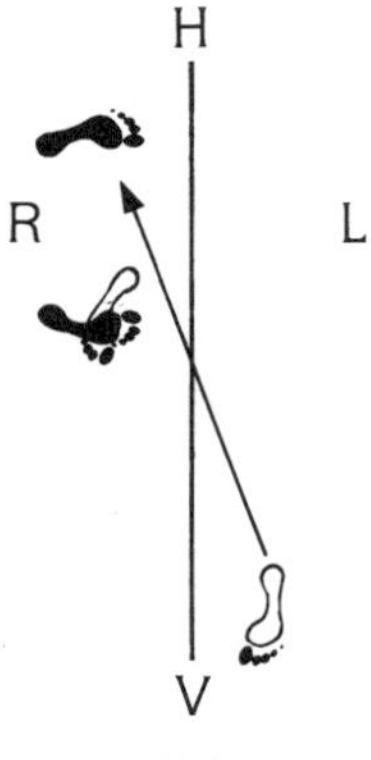

(15)

(16)

16 ➤

17

16 aus Richtung **H**

17

a) Den Kopf in Richtung **V** drehen
b) Unverändert **Juchum-sôgi**
c) Rechts **Hansonnal-momtong-yôp-makki**

18

a) Unverändert Blickrichtung **V**
b) Unverändert **Juchum-sôgi**
c) Links **Me-jumôk-pyojôk-chigi** in Richtung **V** mit **Gihap**

Haltung der Hände bei 18

18 ➤

Anwendung von 17 und 18 (a – c)

19

19

a) Den rechten Fuß hochziehen

b) Links **Hakdari-sôgi**

c) Rechts **Arae-yôp-makki**

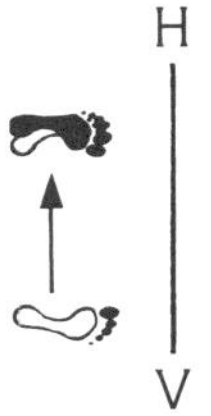

b ➤

c

20 ➤

21a ➤

20

a) Die rechte über die linke Faust an die linke Hüfte bringen
b) Unverändert links **Hakdari-sôgi**
c) Rechts **Jagûn-dolchôgwi** (Brust Richtung **L,** Blickrichtung **V**)

(20)

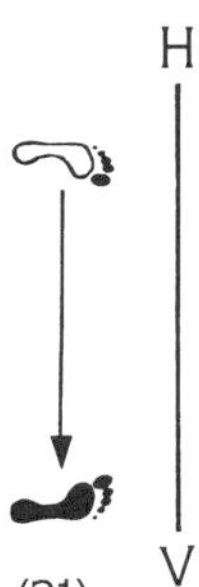

(21)

21

a) Rechts **Yôp-chagi** in Richtung **V** treten, dann mit einem leichten Sprung in Richtung **V** auf dem rechten Fuß zum Stehen kommen und den linken Fuß hochziehen
b) Rechts **Hakdari-sôgi** mit den Zehen in Richtung **L**
c) Links **Arae-yôp-makki** in Richtung **H**

21c ➤

22

21 aus Richtung **H**

22

a) Die linke über die rechte Faust an die rechte Hüfte bringen
b) Unverändert rechts **Hakdari-sôgi**
c) Links **Jagûn-dolchôgwi** (Brust Richtung **L**, Blickrichtung **H**)

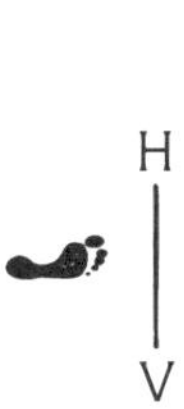

d

c ◄

d1

c1 ◄

b ➤

a ➤ **Ausführung von 21** (a – d)

b1 ➤

a1 ➤ Sicht aus Richtung **L** (a1 – d1)

23

a) Links **Yôp-chagi** in Richtung **H** treten und absetzen
b) Links **Ap-gubi** in Richtung **H**
c) Rechts **Momtong-baro-jirûgi**

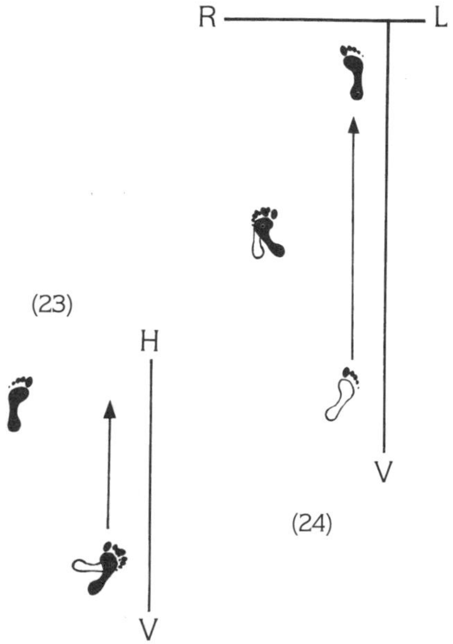

24

a) Rechts in Richtung **H** vorgehen
b) Rechts **Ap-gubi**
c) Rechts **Momtong-bandae-jirûgi** mit **Gihap**

23a ➤

23a aus Richtung **L** ➤

23c ➤

24

23c aus Richtung **H** ➤

24 aus Richtung **H**

25

a) Auf dem rechten Fuß linksherum drehen, dann den linken Fuß in Richtung **L** setzen
b) Rechts **Dwit-gubi**
c) Links **Sonnal-arae-makki**

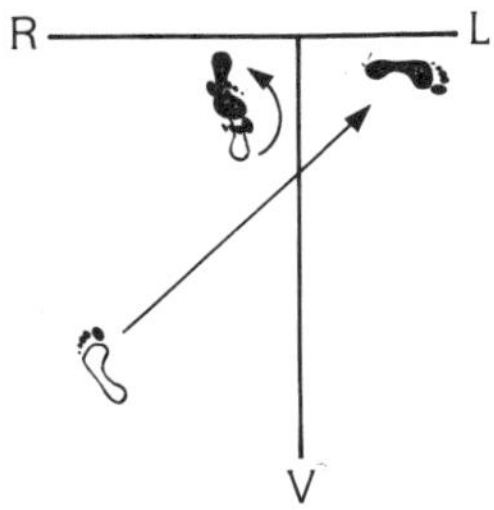

28

a) Links in Richtung **R** vorgehen
b) Rechts **Dwit-gubi**
c) Links **Sonnal-momtong-makki**

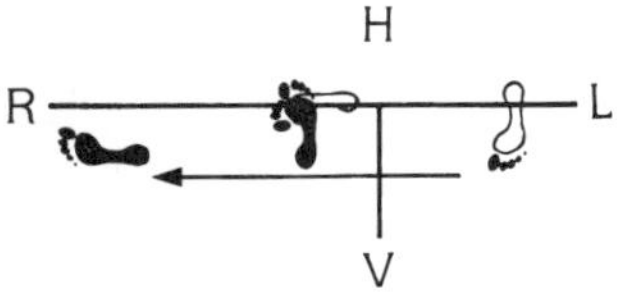

Gûman

a) Auf dem rechten Fuß linksherum drehen, den linken Fuß in Richtung **L** setzen, so daß Körper und Blick in Richtung **V** ausgerichtet sind
b) **Pyônhi-sôgi**
c) **Gibon-junbi**

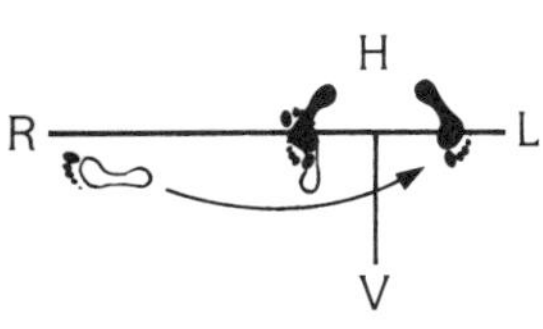

26

a) Rechts in Richtung **L** vorgehen
b) Links **Dwit-gubi**
c) Rechts **Sonnal-momtong-makki**

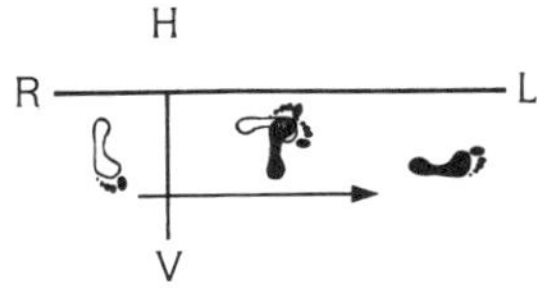

27

a) Auf dem linken Fuß rechtsherum wenden, dann den rechten Fuß in Richtung **R** setzen
b) Links **Dwit-gubi**
c) Rechts **Sonnal-arae-makki**

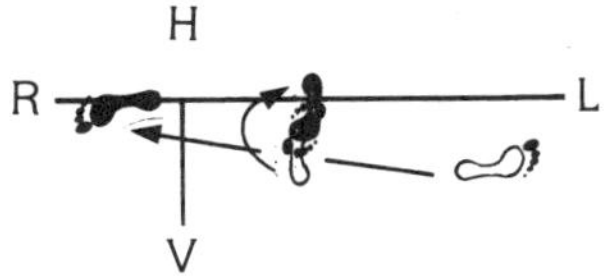

Gûman

25 →

26 ↓

28

27 ←

Chôngwôn

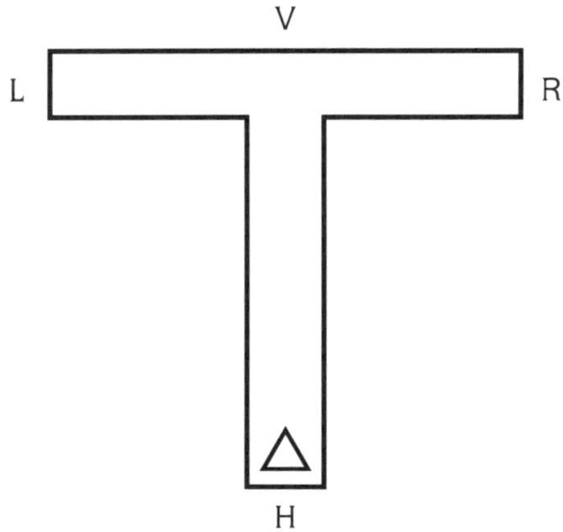

In der alten Zeit wurde der Himmel als Herrscher über das Universum und die Menschheit verehrt, wobei die Menschen glaubten, daß der Himmel die Natur geschaffen habe. Auch heute noch stellt der grenzenlos weite Himmel für viele Menschen eine recht geheimnisvolle und existente Welt dar.

Die **Chôngwôn**-Poomse besteht aus Bewegungen, die einerseits von ruhiger Frömmigkeit, aber andererseits auch von einer immensen Spannkraft durchdrungen sind, in etwa vergleichbar mit der Ruhe eines andächtigen Betrachters des Himmels oder der kraftvollen Vitalität eines in den Himmel aufsteigenden Adlers.

Techniken zu Chôngwôn

Nalgae-pyôgi

Abgesehen von der speziellen Konzentrationsform in der *Chôngwôn*-Poomse, wird *Nalgae-pyôgi* zum Wegstoßen zweier auf beiden Seiten stehenden Angreifer angewandt.

In der Ausführung werden beide Hände übereinander in Schulterhöhe gehoben, bis die Arme waagerecht zum Boden und parallel zum Körper stehen. Die Handflächen sind dem Körper zugewandt.

Aus dieser Position bewegen sich die Hände auseinander – zu den Seiten des Körpers –, drehen sich mit den Handflächen nach außen und mit den Fingerspitzen nach oben und stoßen genau seitlich beiderseits des Körpers.

In der Endstellung bilden beide Arme mit den Schultern eine Linie, horizontal zum Boden und 90° zur Körperachse.

1 ➤

2 ➤

3 ➤

4

Sosûm-jirûgi

Mit *Sosûm-jirûgi* werden die Halsschlagadern beiderseits der Speiseröhre mittels eines doppelt geführten *Bam-jûmôk-jirûgi*, also eines *Du-bam-jumôk-jirûgi*, angegriffen.

Bei *Bam-jumôk* wird lediglich mit dem herausgestellten Knöchel des Mittelfingers gestoßen.

Die Ausführung des *Sosûm-jirûgi* entspricht etwa der von *Du-jumôk-jechyô-jirûgi* und beginnt mit den Faustrücken nach oben beiderseits der Hüften. Nun werden die zu *Bam-jumôk* geballten Fäuste aufwärts gestoßen, während sie sich mit dem Faustrücken nach vorne drehen.

Bei Beendigung der Technik sind die Oberarme an den Oberkörper gepreßt und befinden sich zum Unterarm in einem Winkel von mindestens 90°.

1 ➤

2 ➤

3

Haltung der Hände (3)

Bitûrô-makki

Dieser »verdrehte« oder gedrehte Block ist die Erweiterung und Fortsetzung des *Dûrô-olligi* (siehe Taekwondo perfekt 3, *Sipjin*-Poomse).

In der Praxis wird beim *Bitûrô-makki* ein Tieftritt in einer Kreisbewegung zunächst unten mit dem Innenunterarm abgefangen, nach oben ausgehoben und dann zur Seite gelenkt (geschleudert).

Denkbar ist aber auch eine Abwehr von Tieftritt mit anschließendem Fauststoß, wobei der Tritt mit dem von außen nach innen geführten Innenunterarm seitlich abgelenkt wird, während der Blockarm in einer Kreisbewegung weiter nach oben gedreht wird und mit einem *Bakkat-makki* einen Fauststoß zum Körper abwehrt.

Der Blockarm beginnt etwa 45° seitlich vom Körper weggestreckt, während der zurückgehende Arm nach vorne gestreckt ist. Beim Blocken beschreibt die Faust des Blockarms einen Dreiviertelkreis vor dem Körper und endet in einem *Momtong-bakkat-makki* mit vorgeschobener Schulter. Dadurch entsteht in der Hüfte eine Vorspannung, die besonders günstig für Gegenangriffe mit dem hinteren Fuß oder mit der Faust der gegenüberliegenden Körperseite ist.

Selbstverständlich ist auch ein *Ôlgul-bitûrô-makki* möglich.

1 ➤

2 ➤

3 ▼

4

1 ➤

2 ➤

Kûmgang-yôp-jirûgi

Wie schon *Kûmgang-ap-jirûgi* (siehe *Jitae*-Poomse) beginnt auch *Kûmgang-yôp-jirûgi* mit *Jagûn-dolchôgwi*, doch im Gegensatz zur ersteren Technik wird nun mit der oberen Faust seitwärts gestoßen, während die in Bereitschaftsstellung liegende Faust den Gesichtsblock *Ôlgul-makki* ausführt.

3

1 ➤

2 ➤

Sonnal-oesantûl-makki

Wie bereits an der Bezeichnung zu erkennen ist, handelt es sich hier um einen mit Handkanten ausgeführten *Oesantûl-makki* (siehe Taekwondo perfekt 2, Seite 94, 102, 105), wobei der Bewegungsablauf identisch mit der Grundausführung bleibt.

Unten wird mit *Hansonnal-arae-makki* und oben mit *Sonnaldûng-ôlgul-yôp-makki* abgewehrt.

3

Taesan-milgi

Wenn das Gesicht und der Unterleib gleichzeitig mit den Handballen angegriffen werden, heißt diese Technik *Taesan-milgi.*

Bei *Taesan-milgi* beginnen beide Hände, geöffnet in Angriffsrichtung, an den Hüften. Beim Vorwärtsstoßen ist das Ziel des einen Handballens der Unterleib – die Fingerspitzen drehen sich während des Stoßens nach unten. Der andere Handballen ist gegen das Kinn gerichtet, und die Fingerspitzen seiner Hand drehen sich beim Stoßen nach oben.

1 ➤

1 ➤ Von vorne

2 ➤

3

2 ➤ Von vorne

3 Von vorne

Junbi

a) Die Füße sind geschlossen, der Blick in Richtung **V** gerichtet
b) **Moa-sôgi**
c) **Gyôpson-junbi**

(Junbi)

Junbi ➤

1

a) Unverändert
b) Unverändert **Moa-sôgi**
c) **Nalgae-pyôgi** (Zuerst werden die übereinandergelegten Hände mit den Handflächen zum Körper langsam und mit gleichzeitigem Einatmen in Brusthöhe gehoben, bis die Unterarme in Verlängerung eine Waagerechte zum Boden bilden und parallel zum Körper stehen. Dann langsam, aber kraftvoll die Arme nach den Seiten spreizen – wie ein Vogel die Flügel –; gleichzeitig wird die Brust vorgewölbt und ausgeatmet. In der Endstellung bilden die Arme mit den Schultern eine waagerechte Linie, die Handflächen sind nach außen, die Fingerspitzen nach oben gerichtet.)

(1)

1c1 ➤

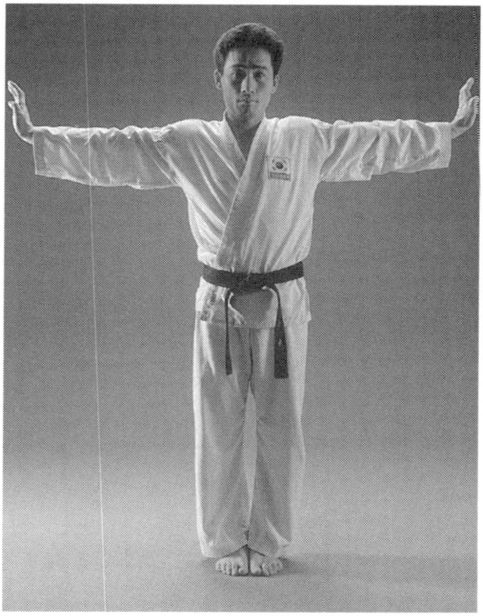

1c2

Anwendungsbeispiel von Bewegung 1

2a1 ➤

2a2 ➤

2

a) Hände in einem Kreisbogen nach unten senken, vorne mit den Handflächen zum Körper zusammenführen und nach oben stoßen zu **Sonnal-hwangsu-makki**. Dann den linken Fuß stampfend zurücksetzen
b) Rechts **Bôm-sôgi** in Richtung **V**
c) **Sosûm-jirûgi** (beidhändig aufwärts)

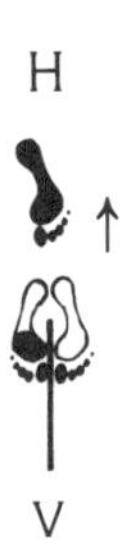

2c3

2a3 ➤

2a4 ⮟

2c2 ➤

2c1 ➤

3 ➤

3

a) Auf den Ballen beider Füße den Körper nach rechts drehen. Dabei das Gewicht auf den rechten Fuß verlagern, in Richtung **V** blicken
b) Rechts **Ap-gubi** in Richtung **R**
c) Links **Hansonnal-momtong-jebi-pum-makki** in Richtung **V**

4a1 ➤

4

a) Mit der linken Hand eine Greifbewegung nach außen ausführen und zur Hüfte ziehen, gleichzeitig den linken Fuß langsam in Richtung **V** setzen
b) Links **Ap-gubi**
c) Rechts **Momtong-baro-jirûgi** (langsam, aber kraftvoll)

4a2 ➤

4c ➤

2

1 ◄ Anwendung der Bewegung 4 (1–2)

5 ➤

6a1 ➤

5

a) Auf den Ballen beider Füße den Körper nach links drehen, dabei das Gewicht hauptsächlich auf den linken Fuß verlagern und den rechten etwas nachziehen. In Richtung **V** blicken
b) Links **Ap-gubi** in Richtung **L**
c) Rechts **Hansonnal-jebipum-momtong-makki** in Richtung **V**

6

a) Mit der rechten Hand eine Greifbewegung nach außen ausführen und zur Hüfte ziehen, gleichzeitig den rechten Fuß langsam in Richtung **V** setzen
b) Rechts **Ap-gubi**
c) Links **Momtong-baro-jirûgi** (langsam, aber kraftvoll)

6a2 ➤

6c ▼

7

a) Auf den Ballen beider Füße den Körper nach rechts drehen, dabei das Gewicht hauptsächlich auf den rechten Fuß verlagern und den linken etwas nachziehen. In Richtung **V** blicken

b) Rechts **Ap-gubi** in Richtung **R**

c) Links **Hansonnal-momtong-jebi-pum-makki** in Richtung **V**

7

8a1 ➤

8a2 ➤

8

a) Die linke Hand in einer Greifbewegung schließen und zur Brust ziehen, gleichzeitig links **Yôp-chagi** in Richtung **V** treten – mit **Gihap**
Den linken Fuß in Richtung **V** absetzen

b) Links **Ap-gubi**

c) Links **Arae-makki**

8a3 ➤

8c

b

a ➤ Anwendung von 8 (a–b)

11c2

11c1 ➤

11

a) Die Füße bewegen sich nicht von der Stelle
b) Unverändert rechts **Dwit-gubi**
c) Den linken Unterarm auswärts drehen und gleichzeitig zu **Bakkat-palmok-gôdûrô-ôlgul-yôp-makki** heben, anschließend links **Momtong-bandae-jirûgi** ausführen

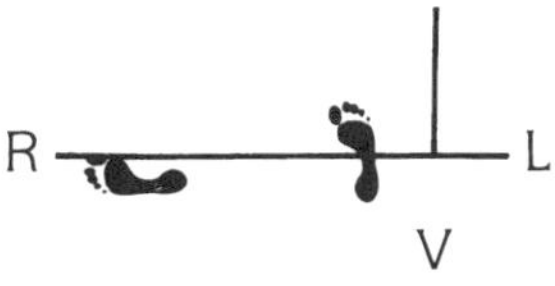

10 ➤

10

a) Auf dem rechten Fuß linksherum drehen und den linken Fuß in Richtung **R** setzen
b) Rechts **Dwit-gubi**
c) Links **Gôdûrô-momtong-yôp-makki**

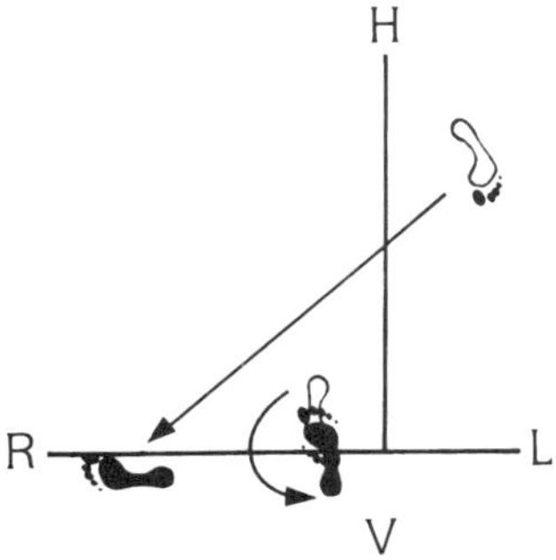

9 ➤

9

a) Rechts in Richtung **V** vorgehen
b) Rechts **Ap-gubi**
c) Rechts **Momtong-bandae-jierûgi**

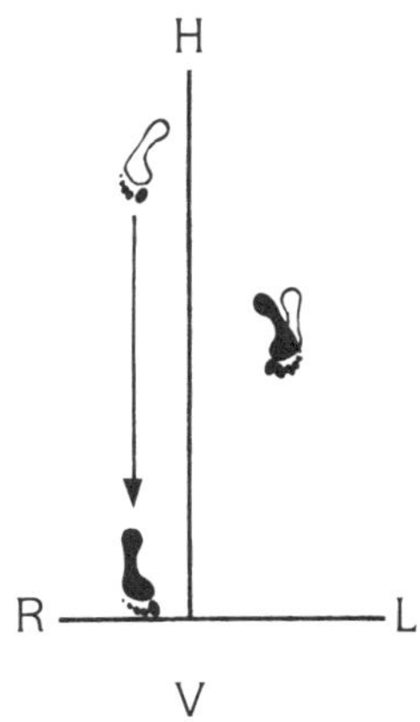

12c

▲ 12b

11b ⮟

11a ⮜

12a ⮜

10 ⮝ Anwendung von 10 bis 12 (und 13 bis 15)

12a ▼

12

a) Rechts in Richtung **R** vorgehen; gleichzeitig mit dem linken Außenunterarm bei offener Hand in Gesichtshöhe eine Abfangbewegung ausführen, wobei die Hand mit einer nach außen gerichteten Greifbewegung zur Hüfte geführt wird

b) Links **Dwit-gubi**

c) Rechts **Momtong-bandae-jirûgi**

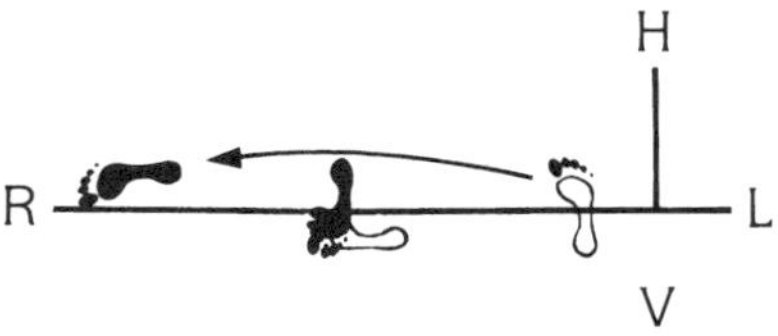

12c ➤

13 ➤

13

a) Auf dem linken Fuß rechtsherum drehen, dann den rechten Fuß in Richtung **L** setzen
b) Links **Dwit-gubi**
c) Rechts **Gôdûrô-momtong-yôp-makki**

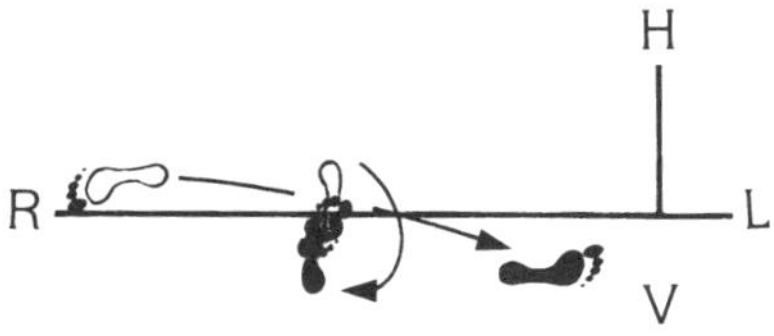

14

a) Die Füße bewegen sich nicht von der Stelle
b) Unverändert links **Dwit-gubi**
c) Den rechten Unterarm auswärts drehen und gleichzeitig zu **Bakkat-palmok-gôdûrô-ôlgul-yôp-makki** heben, anschließend rechts **Momtong-bandae-jirûgi** ausführen

14c1 ➤

14c2

15 a ➤

15 b ➤

15

a) Links in Richtung **R** vorgehen; gleichzeitig mit dem rechten Außenunterarm bei offener Hand in Gesichtshöhe eine Abfangbewegung ausführen, wobei die Hand mit einer nach außen gerichteten Greifbewegung zur Hüfte geführt wird
b) Rechts **Dwit-gubi**
c) Links **Momtong-bandae-jirûgi**

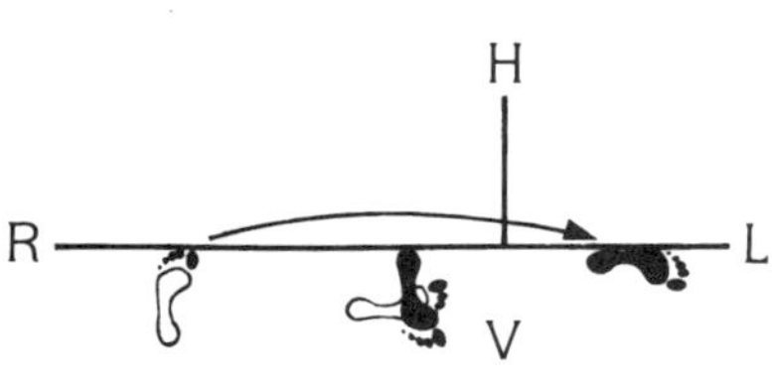

16

a) Auf dem rechten Fuß nach links drehen und den linken Fuß in Richtung **H** setzen
b) Links **Ap-gubi**
c) Rechts **Momtong-bitûrô-makki**

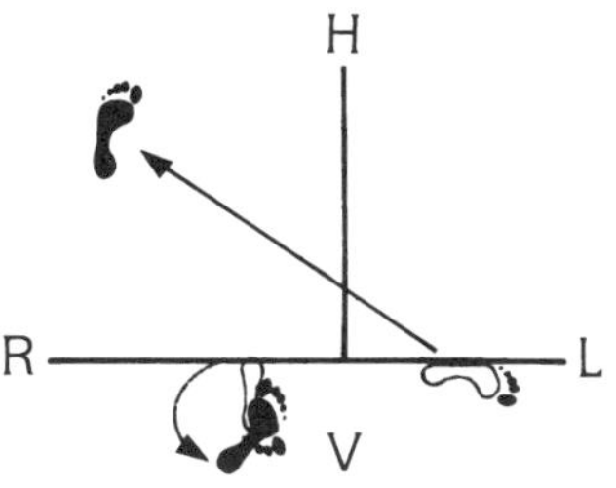

16

16 aus Richtung **H**

Anwendung der Bewegungen 16 und 17 (a–b)

a ▼

a ▼
b

17

a) Die Füße bewegen sich nicht von der Stelle
b) Links **Ap-gubi**
c) Links **Momtong-bandae-jirûgi**

18

a) Rechts **Ap-chagi** in Richtung **H** treten und absetzen
b) Rechts **Ap-gubi**
c) Rechts **Momtong-bandae-jirûgi**

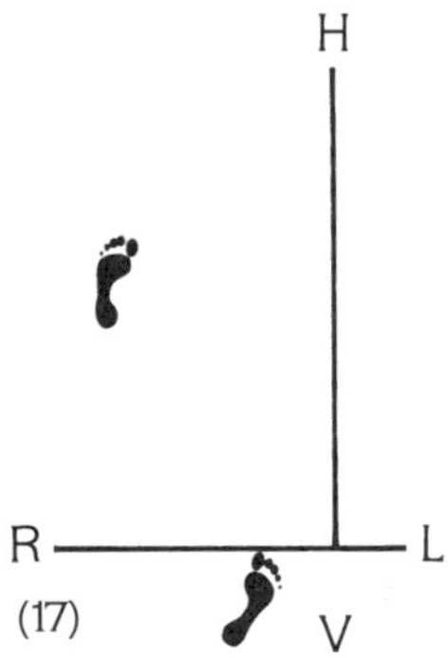

(17)

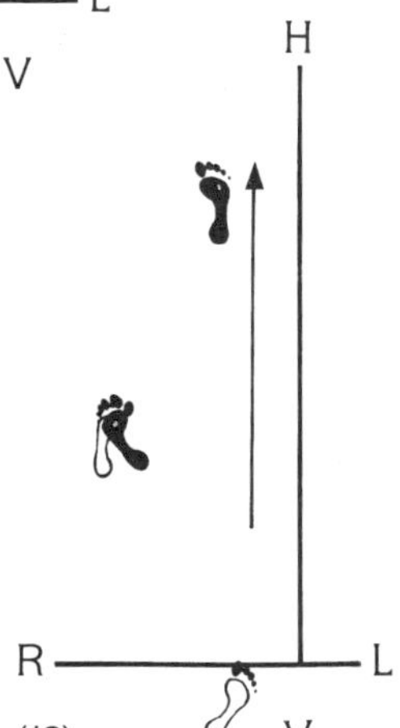

(18)

17 ➤

17 aus Richtung **H**

18a ➤

18c

18a ➤ aus Richtung **H**

18c aus Richtung **H**

19

a) Den rechten Fuß etwas heranziehen
b) Links **Dwit-gubi**
c) Rechts **Sonnal-arae-makki**

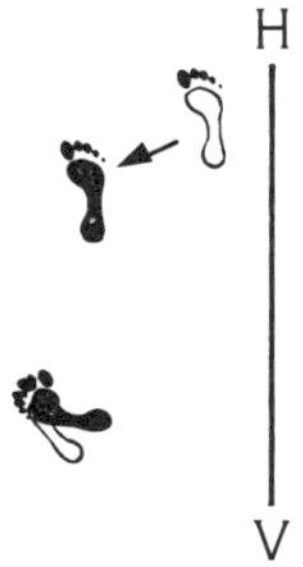

20

a) Ohne die Stellung zu verändern, rechts schnell einen Schritt in Richtung **H** vorgleiten, den linken Fuß nachziehen
b) Links **Dwit-gubi**
c) Rechts schnell **Gôdûrô-momtong-makki** (während der Abwehrbewegung streift der rechte Unterarm die nach unten gerichtete Handfläche der linken Hand, die in dieser Haltung verbleibt)

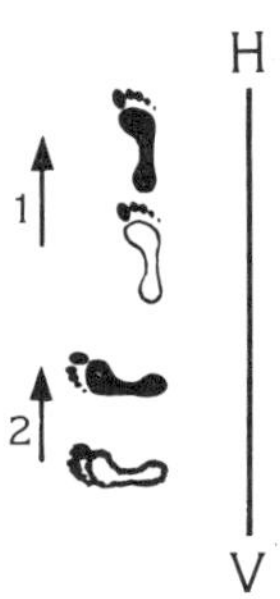

19 ➤

19 aus Richtung **H**

20

20c 1 aus Richtung **H**

20c 2 aus Richtung **H**

21c1 ▼ aus Richtung **R**

21c2

22

a) Den rechten Fuß nach innen drehen
b) **Juchum-sôgi** auf der **VH**-Linie
c) Rechts **Kûmgang-yôp-jirûgi** mit Blick in Richtung **H**

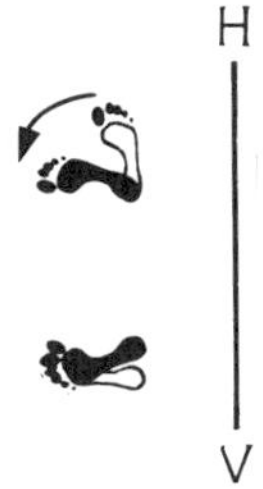

21

a) Ohne die Stellung zu verändern, rechts schnell einen Schritt in Richtung **H** vorgleiten, den linken Fuß nachziehen
b) Links **Dwit-gubi**
c) Rechts schnell **Bakkat-palmok-gôdûrô-arae-makki** (während der Abwehrbewegung streift der rechte Unterarm die nach oben gedrehte Handfläche der linken Hand, die sich nach dem Aufschlagen sofort zur Faust ballt und in dieser Haltung verbleibt)

Die Bewegungen **20** und **21** in schneller Folge ausführen.

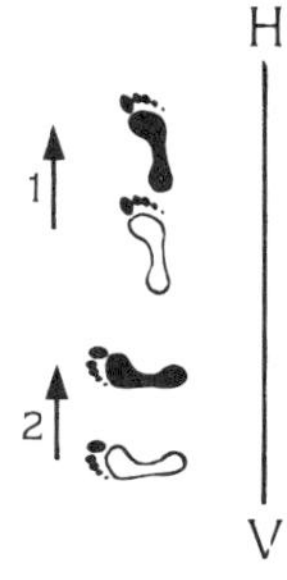

22a ➤

22c

21 ▲

22 aus Richtung **H**

23a 1 ➤

23a 2 ➤

23

a) Mit dem rechten Fuß aufstampfen und in einer Linksdrehung abspringen. Bei Vollendung der 360°-Drehung erfolgt rechts **Twiô-pyojôk-chagi**

b) **Juchum-sôgi** auf der **VH**-Linie (Zehen in Richtung **R**)

c) Rechts **Kûmgang-yôp-jirûgi** mit Blick in Richtung **H**

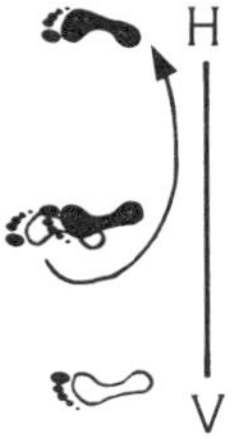

23, aus Richtung **H** (a–c)

a ➤

23a 3 ➤

23c

b ➤

c

24

a) Den linken Fuß mit den Zehen in Richtung **V** drehen
b) Rechts **Dwit-gubi** in Richtung **V**
c) Links **Sonnal-oesantûl-makki** langsam, aber kraftvoll ausführen

24c1 ➤

24c2 ➤

25c2

25c1 ⮝

25

a) Den linken Fuß nach innen und den rechten nach außen drehen, ohne die Position der Füße zu verändern

b) Links **Dwit-gubi** in Richtung **H**

c) Rechts **Sonnal-oesantûl-makki** langsam, aber kraftvoll ausführen

26

a) Auf dem rechten Fuß linksherum drehen, bis der Körper in Richtung **V** gerichtet ist; gleichzeitig den linken Fuß zu **Moa-sôgi** heranziehen. Die Hände dabei langsam zu **Gyôpson-junbi** übereinander legen.
Anschließend werden beide Hände, sich vor der Brust kreuzend, langsam, aber kraftvoll zu **Sonnal-hwangsu-makki** nach oben geführt.
Danach kommen beide Hände an die Hüften, und der rechte Fuß wird langsam vorwärts in Richtung **V** gesetzt

b) Rechts **Bôm-sôgi**

c) **Taesan-milgi** (rechts zum Unterleib, links zum Gesicht) langsam, aber kraftvoll ausführen

26a 1 ➤

26c

(26a)

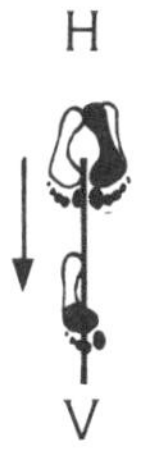

(26b)

26a2 ➤

26a3 ➤

26a5 ➤

26a4 ➤

27

a) Den rechten Fuß zum linken zu **Moa-sôgi** langsam heranziehen, die Hände zu **Gyôpson-junbi** übereinander legen. Anschließend werden nun beide Hände, sich vor der Brust kreuzend, langsam, aber kraftvoll zu **Sonnal-hwangsu-makki** nach oben geführt. Danach kommen beide Hände an die Hüften, und der linke Fuß wird langsam vorwärts in Richtung **V** gesetzt

b) Links **Bôm-sôgi**

c) **Taesan-milgi** (links zum Unterleib, rechts zum Gesicht) langsam, aber kraftvoll ausführen

27a 1 ➤

Anwendung von 27c

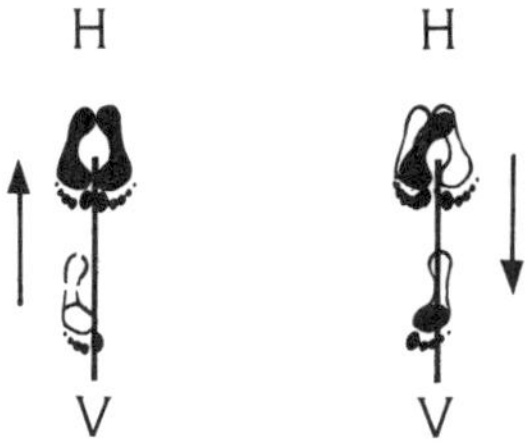

(27a) (27b)

27a 2 ➤

27c ⮟

Gûman

a) Den linken Fuß zum rechten zurückziehen
b) **Moa-sôgi** in Richtung **V**
c) **Gyôpson-junbi**

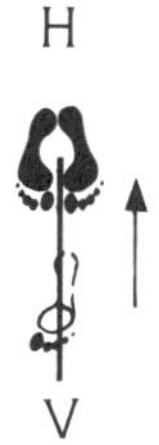

Gûman

Hansu

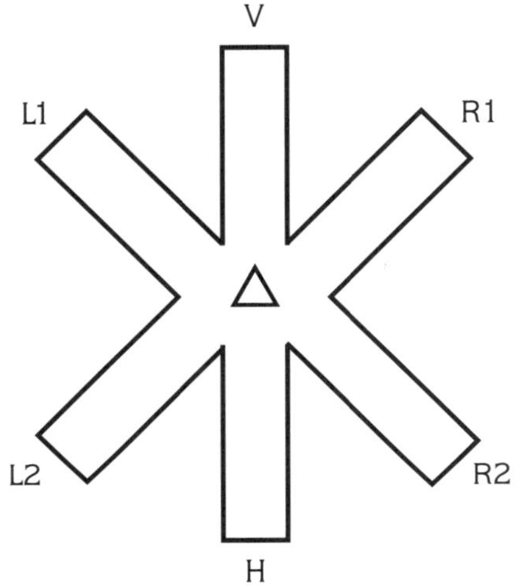

Wasser wird als der Ursprung des Lebens angesehen. Es ist die Quelle aller Lebewesen unserer Erde. Wasser fließt oder steht still, es kann ruhig sein oder aber wild und aufgewühlt. Angefangen mit einem Tropfen bildet Wasser Tümpel, Flüsse, Seen und Meere, und es paßt sich dabei jeder beliebigen Form an.

Diese Eigenschaften des Wassers werden besonders in der Poomse *Hansu* ausgedrückt. Ihre Bewegungen sind kraftvoll, fließend sowie unaufhaltsam und betonen die Vielfalt wie auch die Anpassungsfähigkeit des Taekwondo.

Techniken zu Hansu

1 ➤

2

Du-mejumok-yôpguri-chigi

Der gleichzeitige Schlag beider Faustböden von außen nach innen heißt *Du-mejumok-yôpguri-chigi.* Die Ausführung ist, wie beim Handkantenschlag nach vorne, die Endstellung der Fäuste wie bei *Jechyô-jirûgi,* ebenso die der Arme.

Der Schlag ist gegen die Körperseiten *(Yôpguri)* gerichtet, also gegen die kurzen Rippen oder knapp darunter.

Gyôtdari-sôgi

Die ungezwungene oder formlose Stellung entspricht einem stark verkürzten *Ap-gubi* mit drei Viertel des Gewichts auf dem vorderen und einem Viertel auf dem hinteren Bein.

Bei aufrechtem Körper sind beide Knie stark gebeugt, wobei der hintere Fuß, knapp eine Fußlänge hinter dem vorderen, nur auf dem Ballen aufgesetzt ist.

Anpalmok-pyojôk-arae-makki

Bei diesem Unterleibsblock beschreibt der Blockarm vor dem Körper etwa einen Viertelkreis von oben nach unten, bevor er mit dem Innenunterarm an der tiefsten Kreislinie gegen den Handballen der anderen Hand prallt.

In der Form befinden sich die Finger des Fangarmes auf dem Unterarm des Blockarmes, doch um besser zu zeigen, welche Position der Daumen hat, wählten wir beim Beispiel die umgedrehte Stellung der Fanghand.

1

2

Sonnal-yôp-chigi

Der Handkanten-Seitwärtsschlag entspricht in der Ausführung dem *Sonnal-bakkat-chigi* (siehe Taekwondo perfekt 2, Seite 132, 142, 143, 148, 149, 172, 173), mit dem Unterschied, daß der Schlag nicht gegen einen vor dem Körper stehenden Gegner geführt wird, sondern gegen einen seitlich stehenden Gegner. Der Schlag endet seitlich vom Körper, und die gestreckte Hand und der Arm bilden die Verlängerung der Schulterachse.

1 ▼

2

Junbi
a) Die Füße stehen geschlossen in Richtung **V**
b) **Moa-sôgi**
c) **Gyôpson-junbi**

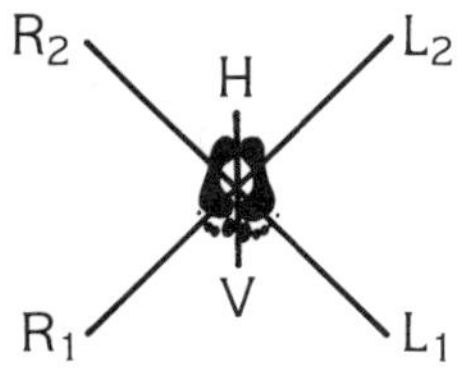

Junbi ➤

1
a) Links in Richtung **V** vorgehen
b) Links **Ap-gubi**
c) **Sonnaldûng-momtong-hechyô-makki**

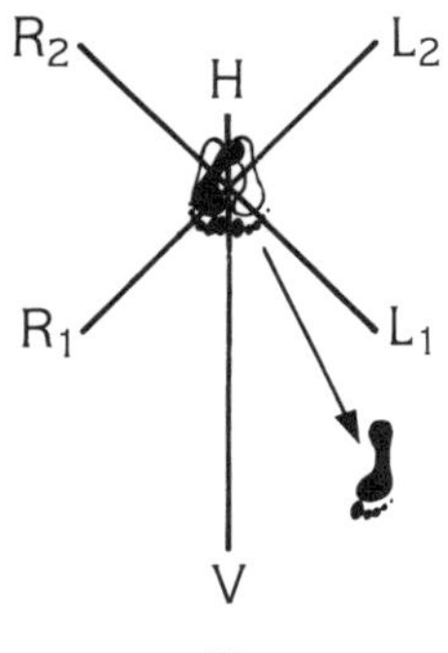

(1)

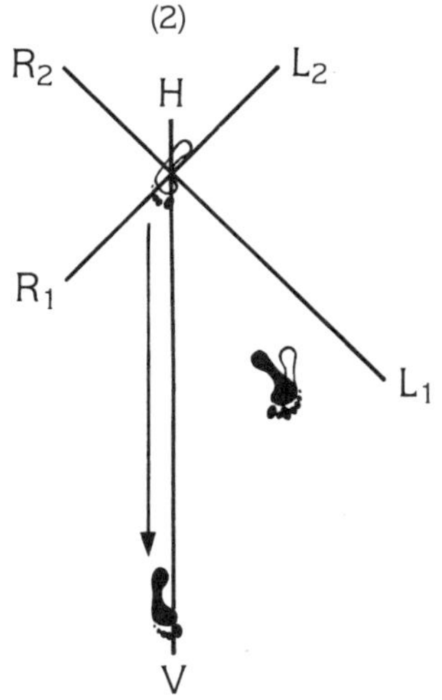

2
a) Rechts in Richtung **V** vorgehen
b) Rechts **Ap-gubi**
c) **Du-mejumok-yôpguri-chigi**

1 ➤

2

Anwendung von **1** und **2**

a ➤

b ➤

c

3

a) Mit Blickrichtung **V** den rechten Fuß in Richtung **H** zurücksetzen
b) Rechts **Ap-gubi** auf der **VH**-Linie in Richtung **H**
c) Links **Oesantûl-makki** (links **Arae-makki** in Richtung **V** und rechts **Ôl-gul-bakkat-makki** in Richtung **H**) mit dem Gesicht in Richtung **V**

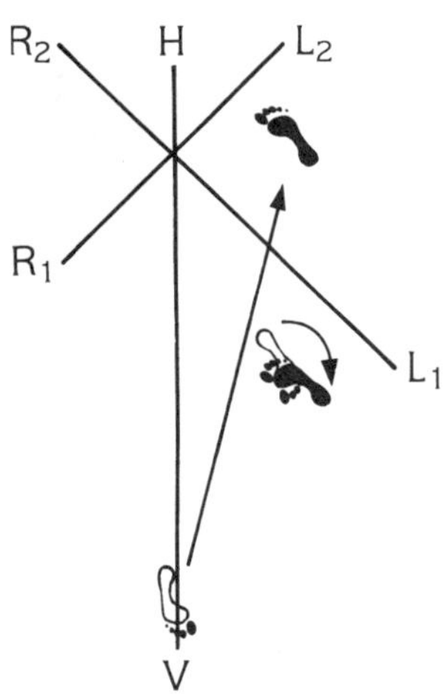

3 ➤

Bewegung 3 aus Richtung **R**

4

4

a) Ohne die Position der Füße zu verändern, wird der Körper auf den Fußballen in Richtung **V** gedreht
b) Links **Ap-gubi** in Richtung **V**
c) Rechts **Momtong-baro-jirûgi**

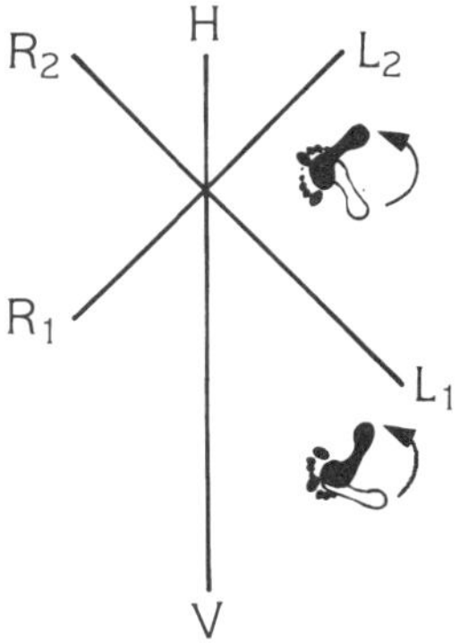

Anwendung von Bewegung **3** und **4**

5

a) Mit Blickrichtung **V** den linken Fuß in Richtung **H** zurücksetzen

b) Links **Ap-gubi** auf der **VH**-Linie in Richtung **H**

c) Rechts **Oesantûl-makki** (rechts **Arae-makki** in Richtung **V** und links **Ôlgul-bakkat-makki** in Richtung **H**) mit dem Gesicht in Richtung **V**

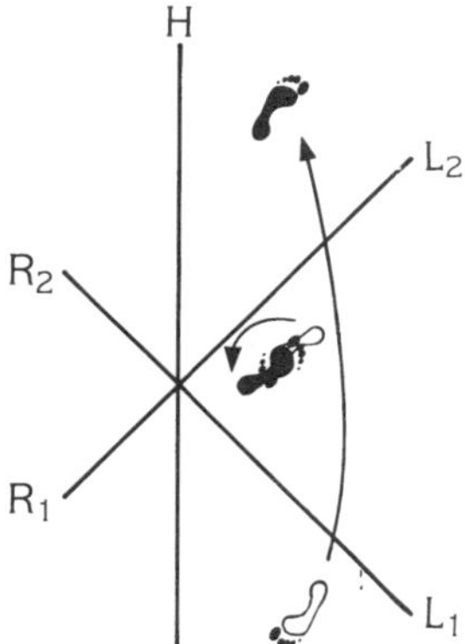

(5)

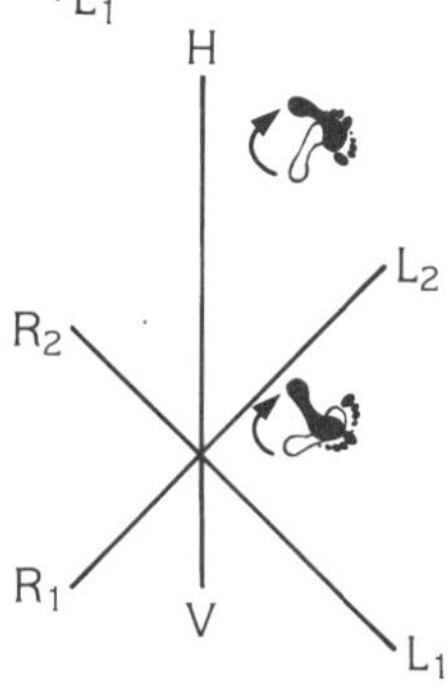

(6)

6

a) Ohne die Position der Füße zu verändern, wird der Körper auf den Fußballen in Richtung **V** gedreht

b) Rechts **Ap-gubi** in Richtung **V**

c) Links **Momtong-baro-jirûgi**

5 ⮟

6 ➤

7

a) Mit Blickrichtung **V** den rechten Fuß in Richtung **H** zurücksetzen
b) Rechts **Ap-gubi** auf der **VH**-Linie in Richtung **H**
c) Links **Oesantûl-makki** (links **Arae-makki** in Richtung **V** und rechts **Ôl-gul-bakkat-makki** in Richtung **H**) mit dem Gesicht in Richtung **V**

8

a) Ohne die Position der Füße zu verändern, wird der Körper auf den Fußballen in Richtung **V** gedreht
b) Links **Ap-gubi** in Richtung **V**
c) Rechts **Momtong-baro-jirûgi**

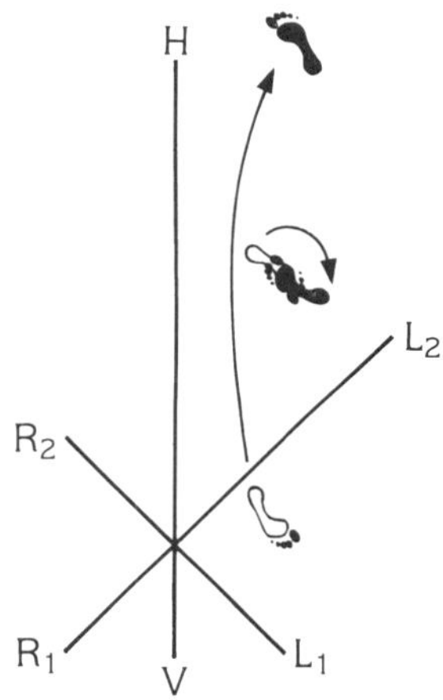

(7)

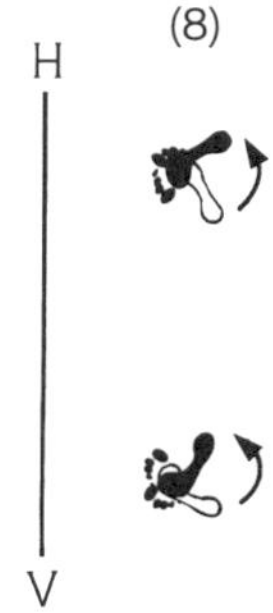

(8)

7 ➤

8

9

a) Rechts in Richtung **V** vorgehen
b) Rechts **Ap-gubi**
c) **Sonnaldûng-momtong-hechyô-makki**

9 ➤

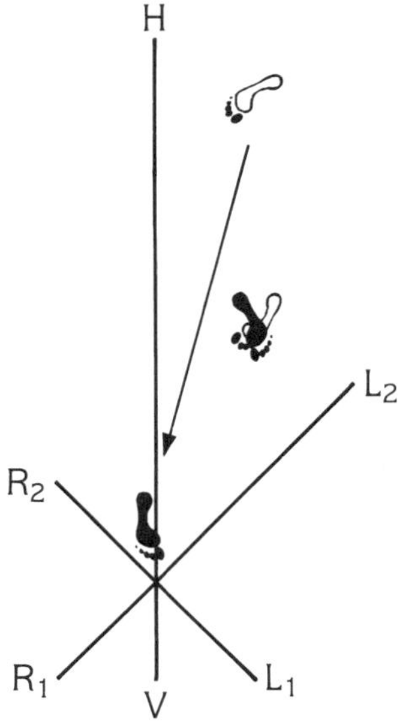

10

10

a) Links in Richtung **L1** vorgehen
b) Links **Ap-gubi**
b) Links **Kaljaebi** (dabei führt die rechte Handfläche **Batangson-nullo-makki** aus und kommt mit dem Handrükken unter den linken Ellenbogen)

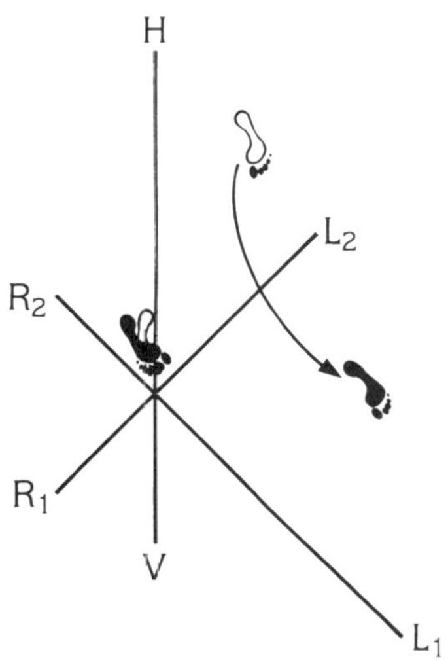

Anwendung von **10**

11

a) Rechts in Richtung **L1** vorspringen
b) Rechts **Gyôtdari-sôgi**
c) **Du-jumok-jechyô-jirûgi**

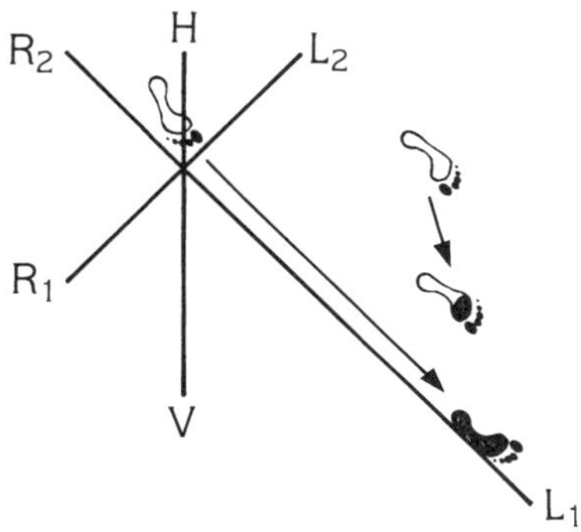

11 ➤

12

a) Den linken Fuß in Richtung **R2** zurücksetzen
b) **Juchum-sôgi** auf der Linie **L1–R2**
c) Rechts **An-palmok-pyojôk-araemakki** (der rechte Innenunterarm wird in die linke Handspanne geschlagen, wobei die Hand oben aufliegt)

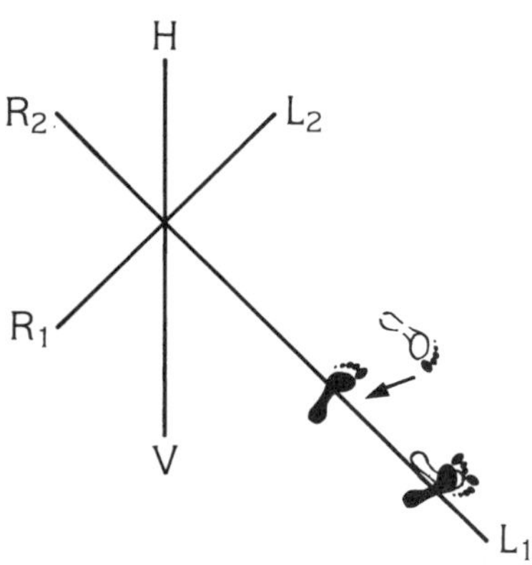

Anwendungsbeispiel von 12

12 ➤

13

12 Ansicht aus Richtung **L2**

13

a) Auf dem linken Fuß rechtsherum drehen, den rechten Fuß in Richtung **R2** zurücksetzen
b) Rechts **Dwit-gubi**
c) Links **Sonnal-kŭmgang-makki** (Blick in Richtung **L1**)

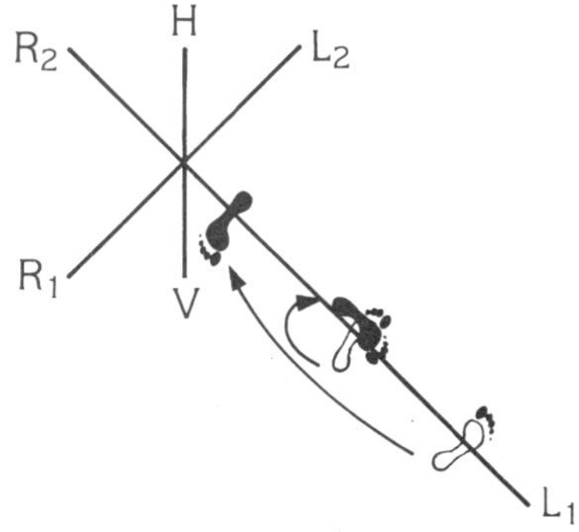

14

a) Auf dem rechten Fuß linksherum drehen, bis die linke Schulter in Richtung **L2** weist, und den linken Fuß gleichzeitig zum rechten Knie hochziehen. Zur selben Zeit werden beide Fäuste zur rechten Hüfte geführt

b) Rechts **Hakdari-sôgi**

c) Links **Jagûn-dolchôgwi** (Blick in Richtung **L2**)

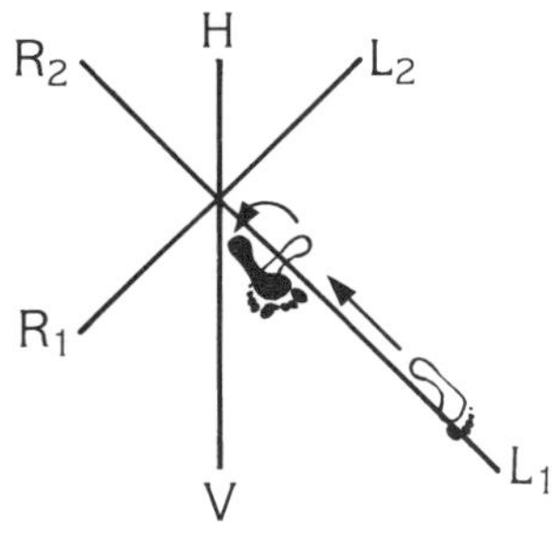

14 ➤

15a ➤

15c

15

a) Links **Yôp-chagi** in Richtung **L2** treten und absetzen
b) Links **Ap-gubi**
c) Rechts **Jebipum-mokchigi**

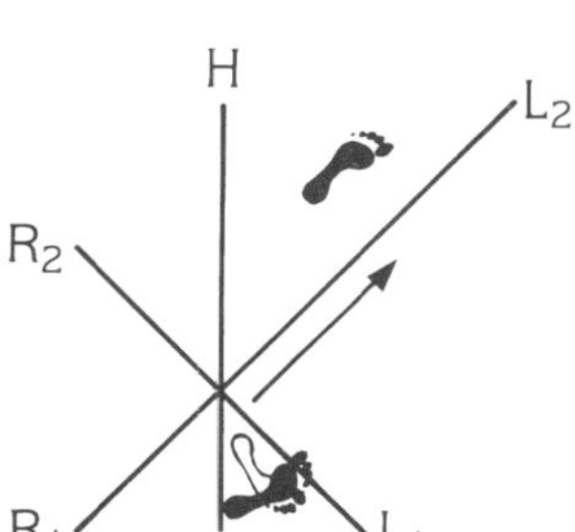

15c aus Richtung **L2**

16

a) Rechts **Ap-chagi** in Richtung **L2** treten und vorspringen
b) Rechts **Dwit-koa-sôgi**
c) Rechts **Dûng-jumok-ape-chigi** in Richtung **L2** mit **Gihap**

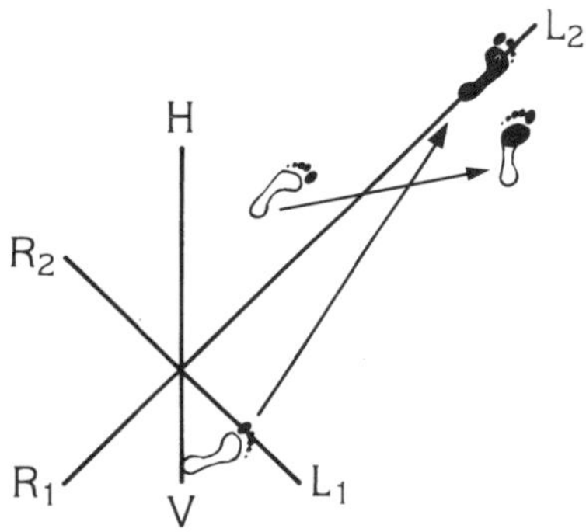

16a 1 ➤

16a 1 aus Richtung **L2**

16a 2 ➤

16c

Anwendung von 16c

16c aus Richtung **L2**

18c

18a ➤

18

a) Mit dem rechten Fuß **Pyojôk-chagi** in Richtung **R1** treten und absetzen
b) **Juchum-sôgi** auf der Linie **L2–R1**
c) Rechts **Palkup-pyojôk-chigi** mit Blick in Richtung **L1**

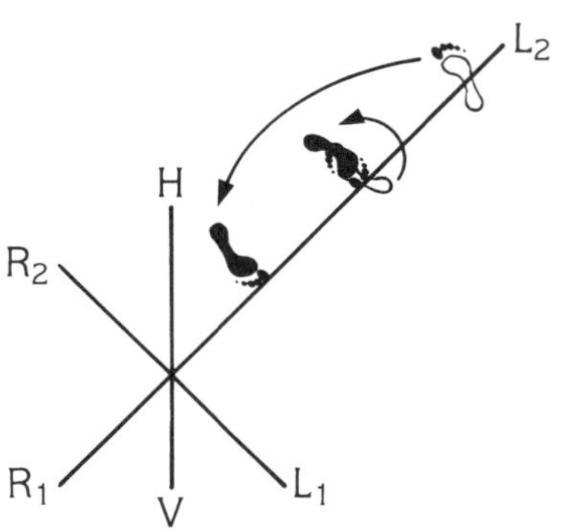

17 ➤

17

a) Den linken Fuß in Richtung **R1** zurücksetzen
b) **Juchum-sôgi** auf der Linie **L2–R1**
c) Links **Sonnal-yôp-chigi** in Richtung **R1**

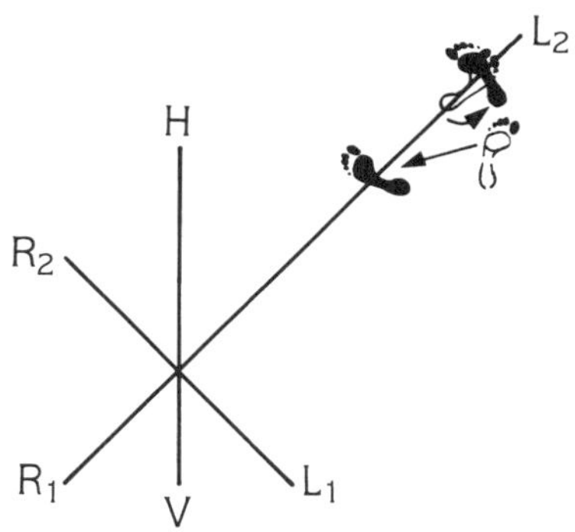

20

a) Links in Richtung **R1** vorspringen
b) Links **Gyôtdari-sôgi**
c) **Du-jumok-jechyô-jirûgi**

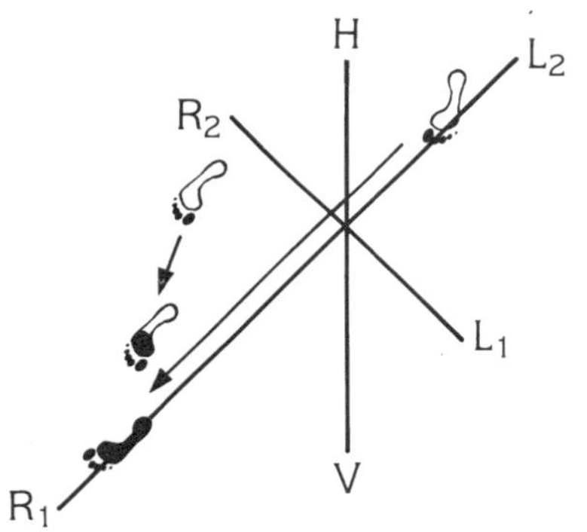

20

19c

19a

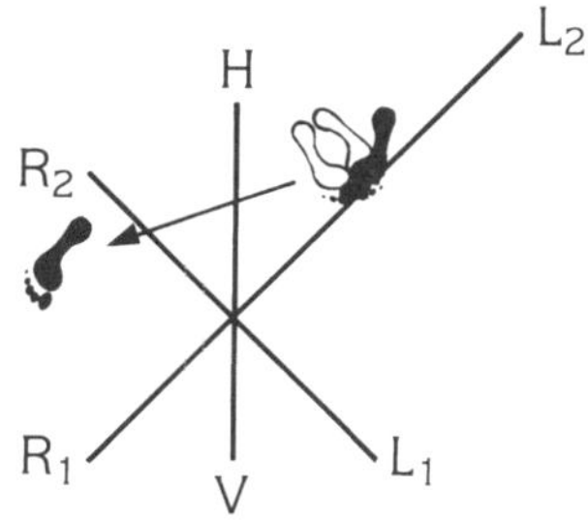

(19b)

19

a) Den linken Fuß zum rechten zu **Moa-sôgi** heranziehen, dann rechts in Richtung **R1** vorgehen

b) Rechts **Ap-gubi**

c) Rechts **Kaljaebi** (dabei führt die linke Handfläche **Batangson-nullo-makki** aus und kommt mit dem Handrükken unter den rechten Ellenbogen)

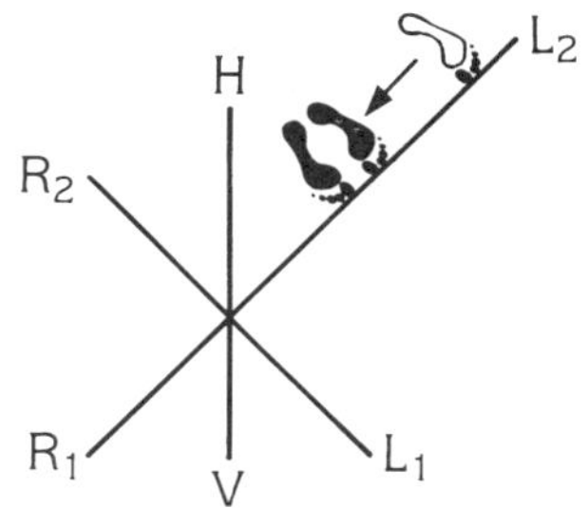

(19a)

21

a) Den rechten Fuß in Richtung **L2** zurücksetzen
b) **Juchum-sôgi** auf der Linie **R1–L2**
c) Links **An-palmok-pyojôk-arae-makki** (der linke Innenunterarm wird in die rechte Handspanne geschlagen, wobei die Hand oben aufliegt)

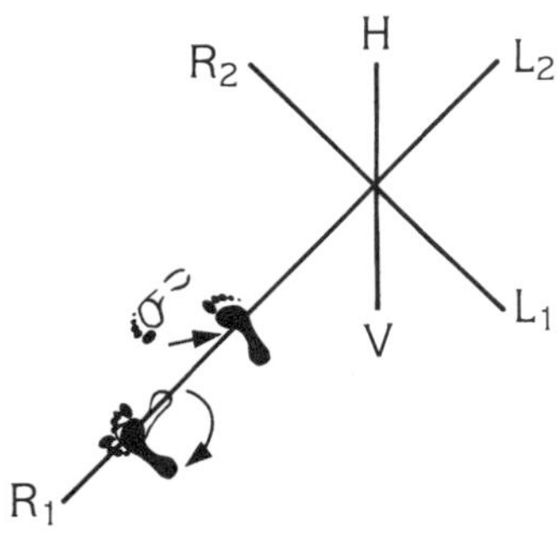

21 ➤

21 aus Richtung **R2**

22 ➤

23

22

a) Auf dem rechten Fuß linksherum drehen, den linken Fuß in Richtung **L2** zurücksetzen
b) Links **Dwit-gubi**
c) Rechts **Sonnal-kŭmgang-makki** (Blick in Richtung **R1**)

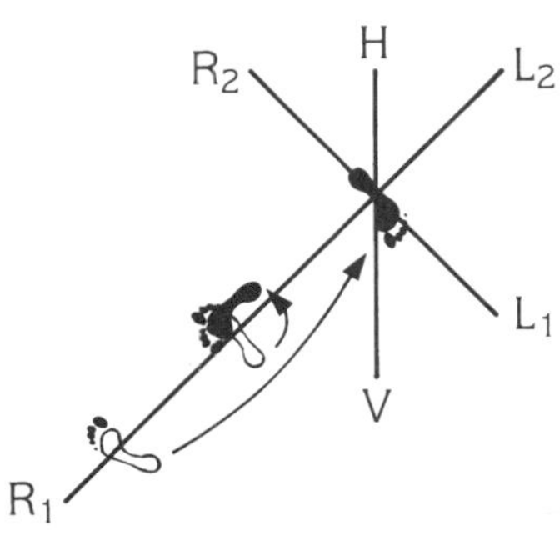

23

a) Auf dem linken Fuß rechtsherum drehen, bis die rechte Schulter in Richtung **R2** weist, und den rechten Fuß gleichzeitig zum rechten Knie hochziehen. Zur selben Zeit werden beide Fäuse zur linken Hüfte geführt
b) Links **Hakdari-sôgi**
c) Rechts **Jagûn-dolchôgwi** (Blick in Richtung **R2**)

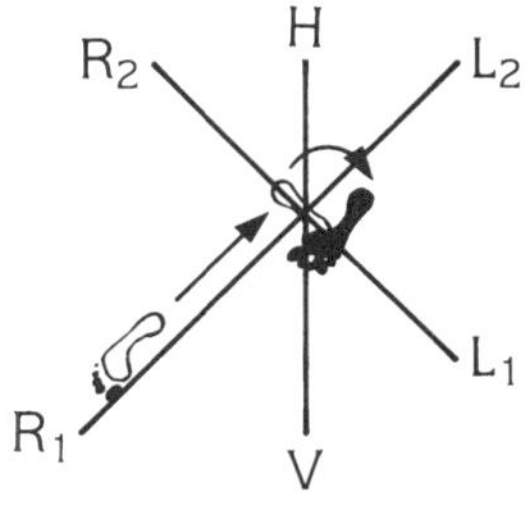

24c

24c aus Richtung **R2**

24a ➤

24

a) Rechts **Yôp-chagi** in Richtung **R2** treten und absetzen
b) Rechts **Ap-gubi**
c) Links **Jebipum-mokchigi**

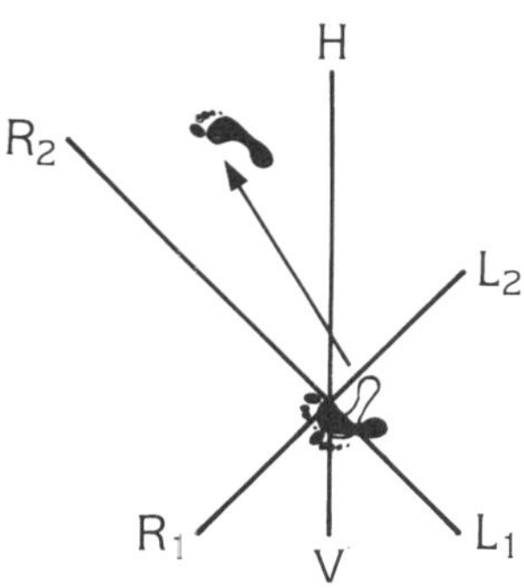

25c

25a 2 ➤

25c aus Richtung **R2**

25a 1 ➤

25a aus Richtung **R2**

25

a) Links **Ap-chagi** in Richtung **R2** treten und vorspringen

b) Links **Dwit-koa-sôgi**

c) Links **Dûng-jumok-ape-chigi** in Richtung **R2** mit **Gihap**

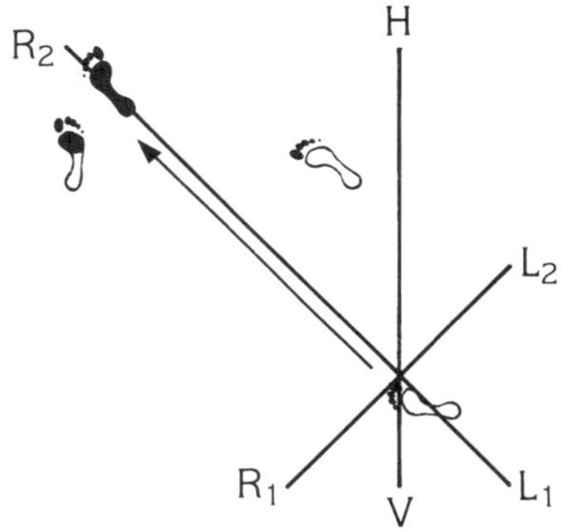

26 ➤

27a ➤

26

a) Den rechten Fuß in Richtung **L1** zurücksetzen
b) **Juchum-sôgi** auf der Linie **R2–L1**
c) Rechts **Sonnal-yôp-chigi** in Richtung **L1**

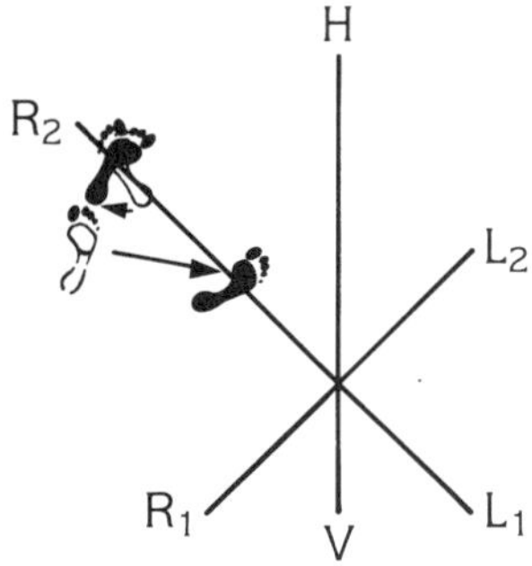

27

a) Mit dem linken Fuß **Pyojôk-chagi** in Richtung **L1** treten und absetzen
b) **Juchum sôgi** auf der Linie **R2–L1**
c) Links **Palkup-pyojôk-chigi** mit Blick in Richtung **R1**

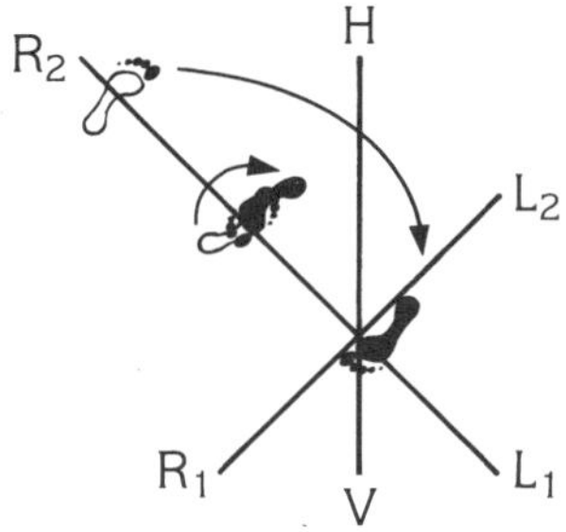

27c ➤

Gûman

Gûman

a) Auf dem linken Fuß linksherum in Richtung **V** drehen, den rechten Fuß heranziehen
b) **Moa-sôgi**
c) **Gyôpson-junbi**

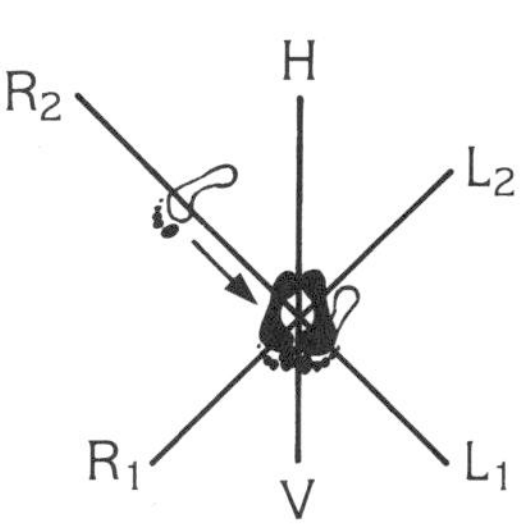

Ilyô

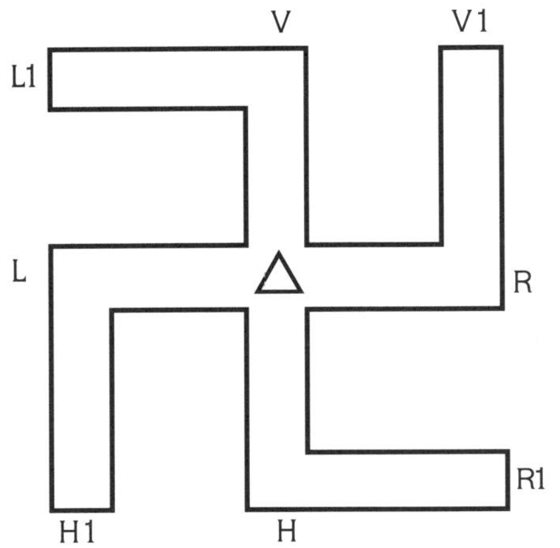

Im Buddhismus wird der fortgeschrittene Reifegrad, in welchem Geist und Körper zu einer Einheit verschmelzen, *Ilyô* genannt. *Ilyô* (= Einheit) beschreibt den Zustand des Einswerdens vom Betrachter und Betrachtetem, welcher jedoch nur unter der Voraussetzung, daß allem Weltlichen entsagt wird, zu erreichen ist.

Diese endgültige Einheit und Harmonie zwischen Körper und Geist ist das eigentliche Ziel des Taekwondo, das sich zur Aufgabe gesetzt hat, diesen Zustand, *Ilyô,* zu suchen. Der Buddhismus nennt den Zustand, in welchem die Trägheit des eigenen Ichs überwunden werden kann, Nirvana.

In der Tat verfolgt Taekwondo als Endziel eine Disziplin, bei der mit konzentrierter Aufmerksamkeit bei jeder Bewegung alle weltlichen Gedanken und Dinge abgeschüttelt werden.

Diesen Tatsachen entsprechend, wurde als Diagramm der Poomse *Ilyô* das heilige Zeichen der buddhistischen Mönche gewählt. Ihre Bewegungen erfordern höchste Konzentration und vermitteln den Eindruck höchster Reife und Vollkommenheit.

Techniken zu Ilyô

Ogûm-sôgi

Die Kniekehlen-Stellung ähnelt der Kranichbein-Stellung (Taekwondo perfekt 3, *Kûmgang*-Poomse). Allerdings gewinnt *Ogûm-sôgi* durch das Pressen des Fußspanns in die Kniekehle des Standbeins zusätzlich an Stabilität.

1

3

2

Ôtgôrô-ôlgul-makki

Der Gesichtsblock mit gekreuzten Unterarmen wird gegen besonders starke Angriffe von oben oder von vorne zum Gesicht angewandt.

In der Ausgangsstellung beginnen beide Fäuste an den Hüften. Sie werden auf dem direkten Wege nach oben gestoßen und kreuzen sich bereits in Brusthöhe, von wo aus die gekreuzte Armstellung beibehalten wird, bis die gekreuzte Stelle (dicht an den Handgelenken der Unterarme) etwa die Stirnhöhe erreicht hat. Im übrigen beschreiben beide Blockarme jeder für sich genau die Bewegung des normalen *Ôlgul-makki.*

Die Endstellung der Fäuste beim *Ôtgôrô-ôlgul-makki* entspricht entweder der von *Ôlgul-makki,* oder die Faustrücken sind einander zugedreht.

1 ➤

2

Twiô-yôp-chagi

Beim gesprungenen Seitwärtstritt wird in der Regel mit einem Bein abgesprungen und mit dem anderen getreten. Dabei beschreibt das Trittbein eine Vorwärtsdrehung, bis der Körper auf seiner Seite zum Ziel weist. Sobald der richtige Abstand zum Ziel erreicht ist, streckt sich das gebeugte Trittbein schnell und kraftvoll, während der Oberkörper in eine Linie zur Trittrichtung gebracht und das Absprungbein hochgezogen wird.

Getroffen wird mit der unteren Ferse und der Fußkante, welche sich parallel zum Boden befinden muß.

(Lesen Sie dazu auch den Artikel in Taekwondo perfekt 2, *Kyôk-pa.)*

1 ➤

Du-jumôk-hôri-sôgi

Liegen beide Fäuste in Bereitschaft an den Hüften, wird diese Haltung *Du-jomôk-hôri-sôgi* genannt. Aus dieser Position werden manche Zweiarmtechniken ausgeführt, in der *Ilyô*-Poomse dient *Du-jumôk-hôri-sôgi* jedoch der Sammlung und der Konzentration.

2 ➤

3

Junbi b ➤

Junbi c ➤

Junbi a ▲

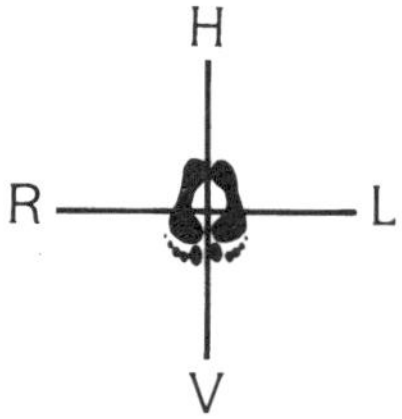

Junbi

a) Die Füße stehen geschlossen in Richtung **V**

b) **Moa-sogi**

c) **Bo-jumôk-junbi** (die linke Hand umschließt die rechte Faust in Kinnhöhe)

1 ➤

2

1

a) Links schnell in Richtung **V** vorgehen
b) Rechts **Dwit-gubi**
c) Links **Sonnal-momtong-makki**

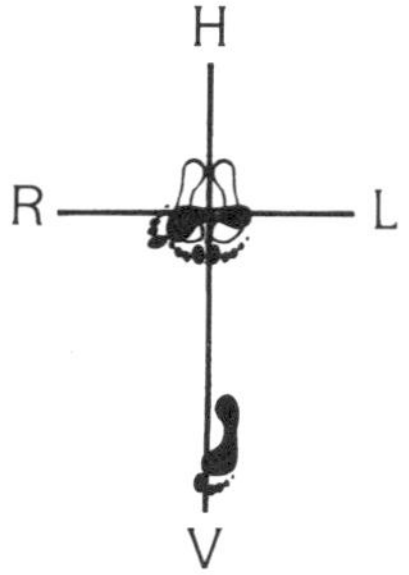

2

a) Rechts schnell in Richtung **V** vorgehen
b) Rechts **Ap-gubi**
c) Rechts **Momtong-bandae-jirûgi**

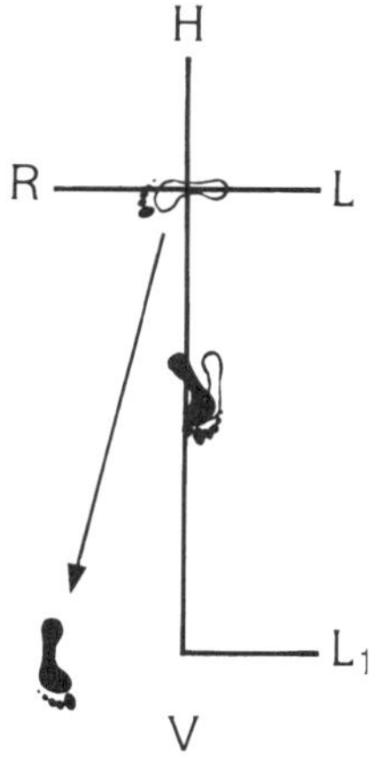

3 ➤

3

a) Den linken Fuß in Richtung **L1** setzen
b) Rechts **Dwit-gubi**
c) Links **Kûmgang-makki** langsam, aber kraftvoll ausführen

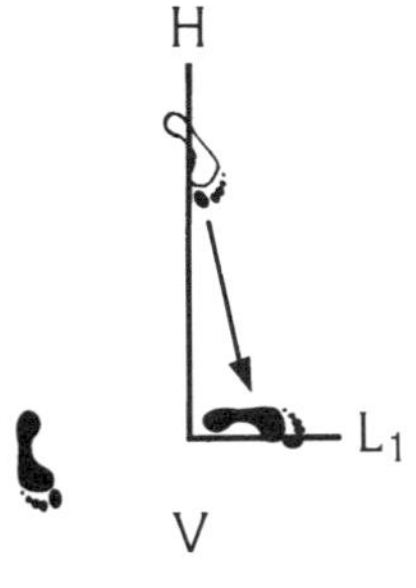

4

a) Auf dem rechten Fuß linksherum drehen, den linken Fuß schnell in Richtung **H** setzen
b) Rechts **Dwit-gubi**
c) Links **Sonnal-momtong-makki**

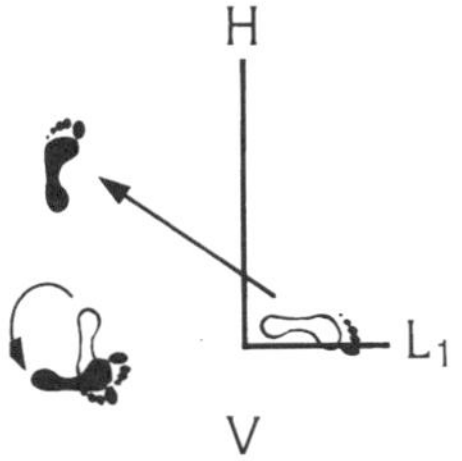

5

a) Die Füße bewegen sich nicht von der Stelle
b) Unverändert rechts **Dwit-gubi**
c) Rechts **Momtong-baro-jirûgi**

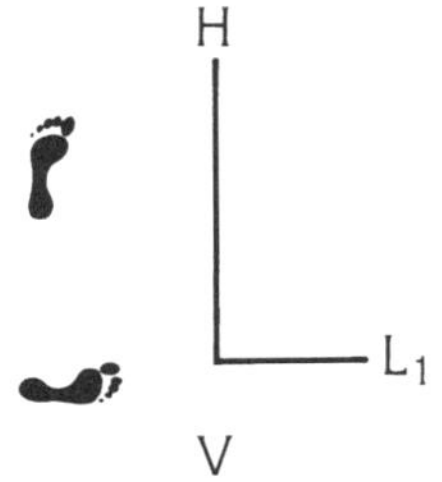

4 ➤

5

4 aus Richtung **H**

5 aus Richtung **H**

6

a) Mit dem rechten Fuß in Richtung **H,** direkt auf den Ausgangspunkt, mit einem Aufstampfen vorspringen
b) Rechts **Ogûm-sôgi** (der linke Fußspann liegt in der rechten Kniekehle)
c) Rechts **Pyônson-kût-momtong-sewô-chirûgi** mit **Gihap**

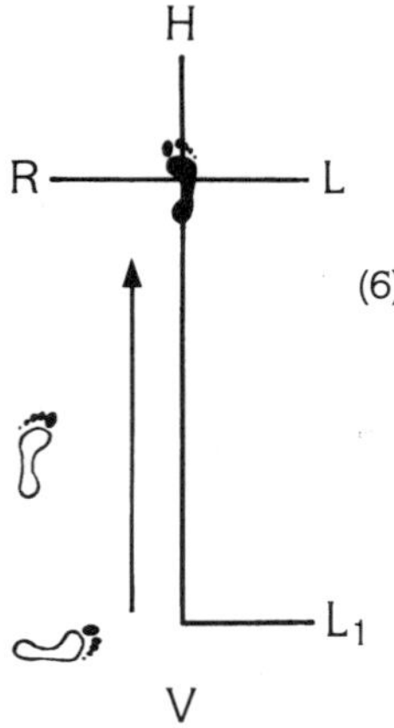

(6)

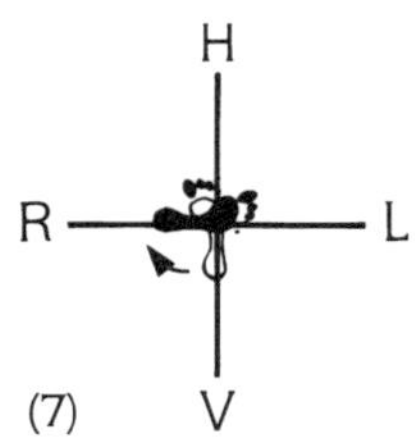

(7)

6 ➤

6 ➤ aus Richtung **H**

7

a) Den ganzen Körper anspannen, langsam auf dem rechten Fuß mit der linken Seite in Richtung **H** drehen. Dann links **Yôp-chagi** in Richtung **H** treten
b) Rechts **Oedari-sôgi**
c) Links **Oesantûl-makki** (mit der linken Faust in Trittrichtung stoßen, mit dem rechten Innenunterarm nun in Richtung **V Ôlgul-bakkat-makki** ausführen)

7a ➤

7b

7 aus Richtung **L**

1 ➤ Mögliche Anwendung von 4 bis 7 (1–4)

2 ➤

4

3 ▲

8

a) Den linken Fuß schnell in Richtung **H** absetzen
b) Rechts **Dwit-gubi**
c) **Ôtgôrô-ôlgul-makki** schnell ausführen

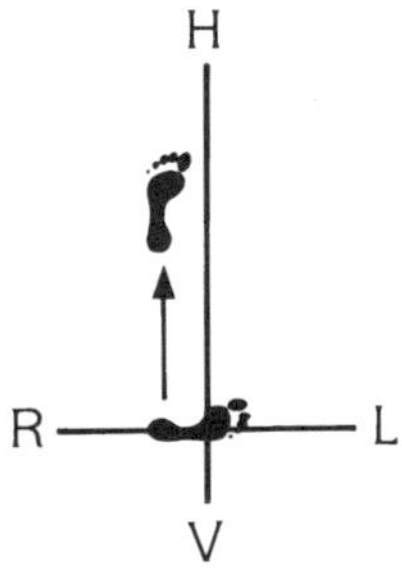

8 ➤

8 aus Richtung **H**

9

9 aus Richtung **H**

9

a) Beide Fäuste öffnen, langsam gegeneinander verdrehen und mit einer Greifbewegung die rechte Faust zur rechten Hüfte ziehen; dann rechts in Richtung **H** vorgehen (s. Bildfolge auf den Seiten 136 und 137)
b) Rechts **Ap-gubi**
c) Rechts **Momtong-bandae-jirûgi**

Bewegung von 9 (1–4) 1 ➤ 2 ➤

a ➤ Anwendungsbeispiel von 8 und 9 (a–c) b ➤

3 ➤

4

c

10 ➤

11 ➤

10

a) Den linken Fuß in Richtung **R1** setzen
b) Rechts **Dwit-gubi**
c) Links **Kûmgang-makki** langsam, aber kraftvoll ausführen

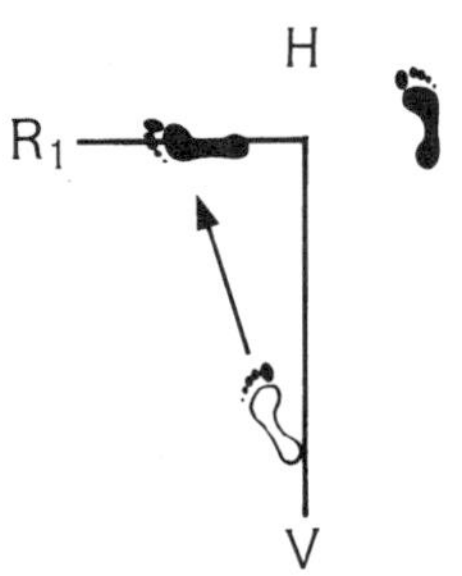

11

a) Auf dem rechten Fuß linksherum drehen, den linken Fuß schnell in Richtung **H** setzen
b) Rechts **Dwit-gubi**
c) Links **Sonnal-momtong-makki**

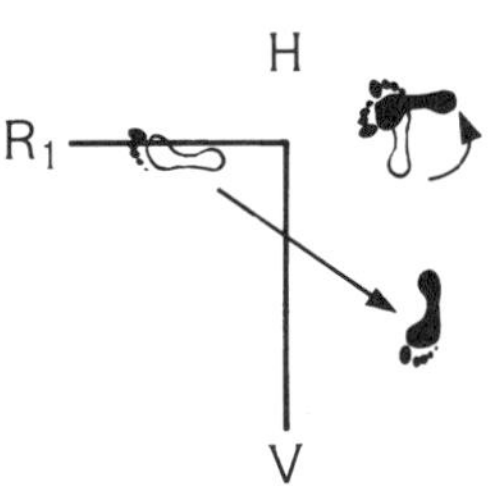

12 ➤

13

12

a) Die Füße bewegen sich nicht von der Stelle
b) Unverändert rechts **Dwit-gubi**
c) Rechts **Momtong-baro-jirûgi**

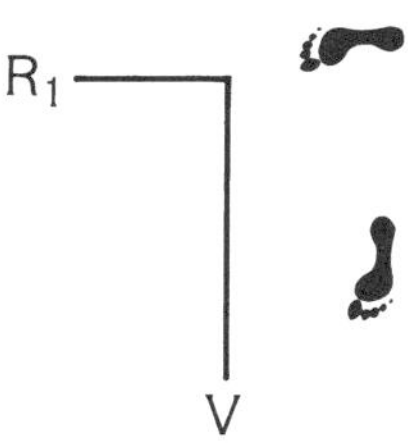

13

a) Mit dem rechten Fuß in Richtung **V**, direkt auf den Ausgangspunkt, mit einem Aufstampfen vorspringen
b) Rechts **Ogûm-sôgi** (der linke Fußspann liegt in der rechten Kniekehle)
c) Rechts **Pyônson-kût-momtong-sewô-chirûgi** mit **Gihap**

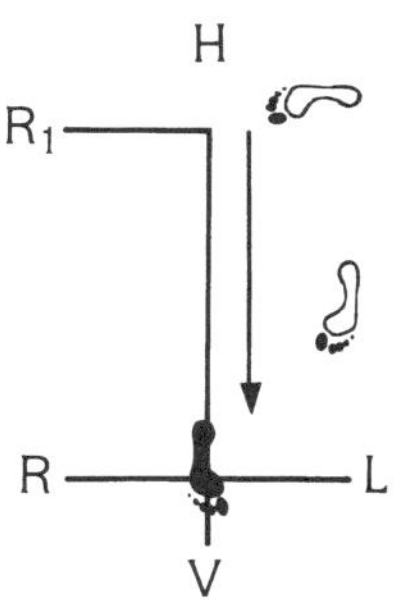

14 ➤

15 ➤

14

a) Den ganzen Körper anspannen, langsam den Kopf in Richtung **L** drehen. Dann links **Yôp-chagi** in Richtung **L** treten
b) Rechts **Oedari-sôgi**
c) Links **Oesantûl-makki** (mit der linken Faust in Trittrichtung stoßen, zugleich mit dem rechten Innenunterarm in Richtung **R** **Ôlgul-bakkat-makki** ausführen)

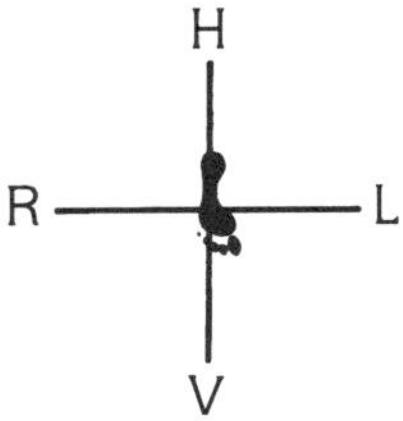

15

a) Den linken Fuß schnell in Richtung **L** absetzen
b) Rechts **Dwit-gubi**
c) **Ôtgôrô-ôlgul-makki** schnell ausführen

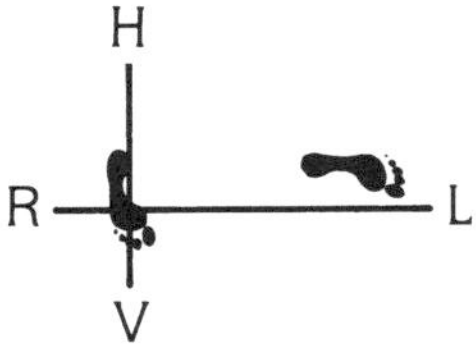

16a ➤

16c

16

a) Beide Fäuste öffnen, langsam gegeneinander verdrehen und mit einer Greifbewegung die rechte Faust zur rechten Hüfte ziehen; dann rechts in Richtung **L** vorgehen

b) Rechts **Ap-gubi**

c) Rechts **Momtong-baro-jirûgi**

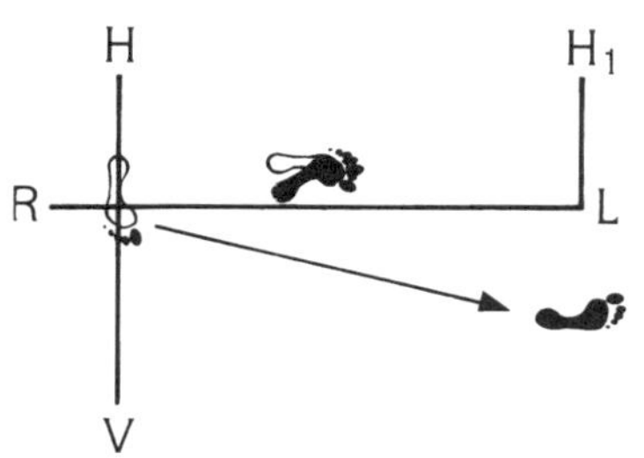

17

a) Den linken Fuß in Richtung **H1** setzen
b) Rechts **Dwit-gubi**
c) Links **Kûmgang-makki** langsam, aber kraftvoll ausführen

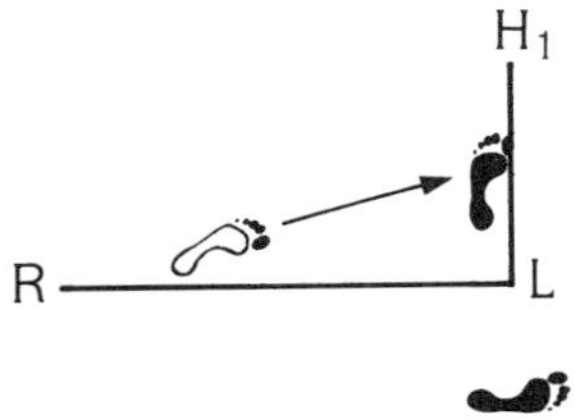

17

17 aus Richtung **H**

18

18

a) Auf dem rechten Fuß den Körper linksherum in Richtung **R** drehen, den linken Fuß heranziehen

b) **Moa-sôgi** mit dem Gesicht in Richtung **R**

c) **Du-jumôk-hôri-sôgi** (beide Fäuste langsam an die Hüften in ihre Ausgangspositionen ziehen)

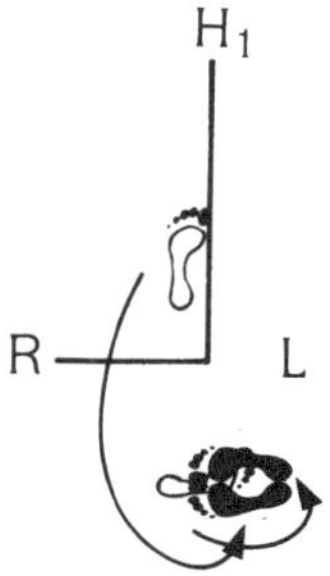

Anwendungsbeispiel von 19
(1–2)

1 ▼

19c

2

19a2

19a1

19

a) Links **Ap-chagi** in Richtung **R** treten, stampfend aufsetzen und abspringen (der Körper dreht sich in der Luft linksherum, bis die rechte Seite in Richtung **R** weist). Rechts **Twiô-yôp-chagi** in Richtung **R** treten

b) Links **Dwit-gubi**

c) Nun **Ôtgôrô-ôlgul-makki** schnell ausführen

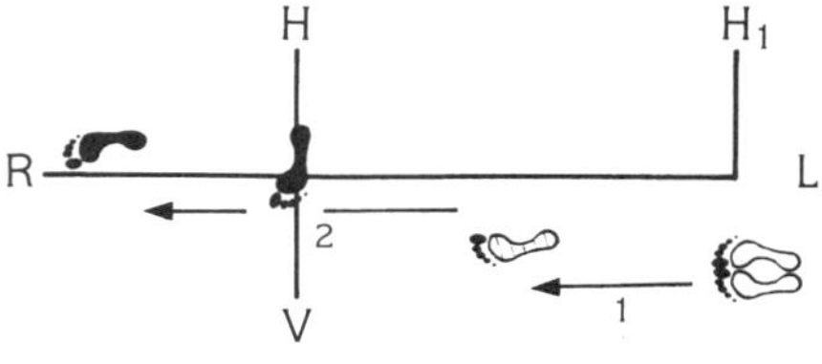

21

a) Auf dem linken Fuß rechtsherum drehen, den rechten Fuß in Richtung **V1** setzen
b) Links **Dwit-gubi**
c) Rechts **Kûmgang-makki** langsam, aber kraftvoll ausführen

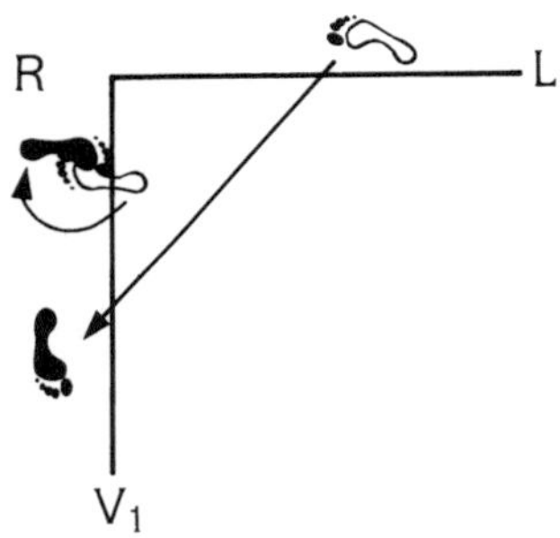

21 ⮟

22

a) Den rechten Fuß zum linken Fuß heranziehen
b) **Moa-sôgi** in Richtung **L**
c) **Du-jumôk-hôri-sôgi** (beide Fäuste langsam an die Hüften in ihre Ausgangspositionen ziehen)

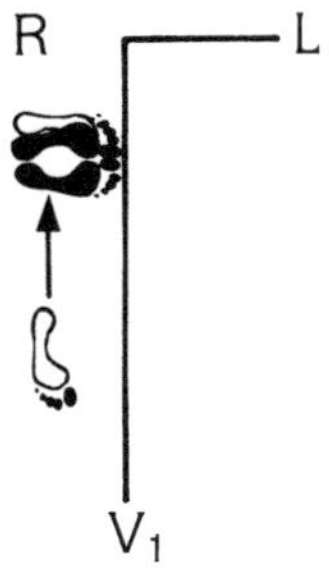

22

20c ➤

20a ➤

20

a) Beide Fäuste öffnen, langsam gegeneinander verdrehen und mit einer Greifbewegung die linke Faust zur linken Hüfte ziehen; dann links in Richtung **R** vorgehen
b) Links **Ap-gubi**
c) Links **Momtong-baro-jirûgi**

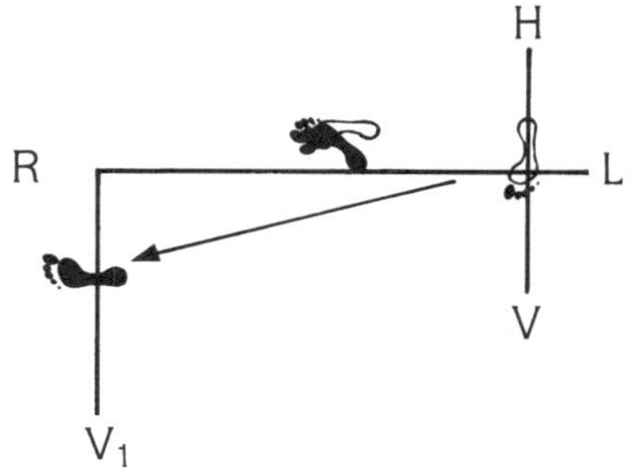

23a 1 ➤

23a 2 ➤

23

a) Rechts **Ap-chagi** in Richtung **L** treten, stampfend aufsetzen und abspringen (der Körper dreht sich in der Luft rechtsherum, bis die linke Seite in Richtung **L** weist). Links **Twiô-yôp-chagi** in Richtung **L** treten
b) Rechts **Dwit-gubi**
c) Nun **Ôtgôrô-ôlgul-makki** schnell ausführen

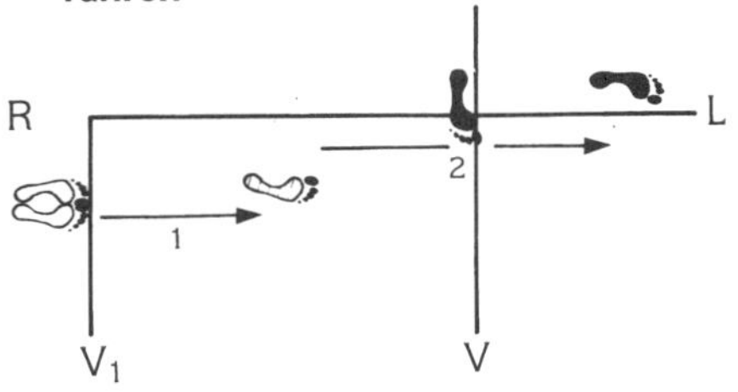

23c ➤

Gûman

Gûman

a) Den linken Fuß zum rechten Fuß heranziehen
b) **Moa-sôgi** in Richtung **V**
c) **Bo-jumôk-junbi**

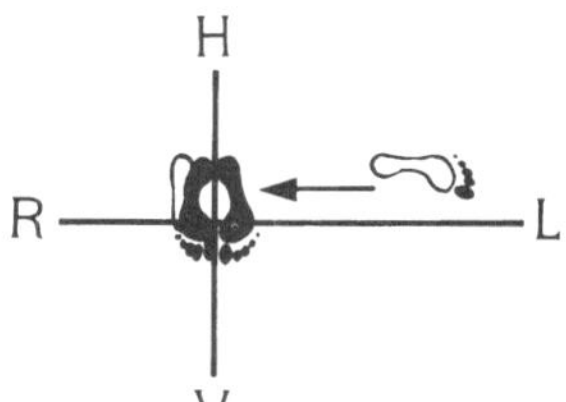

Die 17 Poomse

Für Koreaner sind Formenbezeichnungen Eigennamen, auch wenn sie die acht Taegûk-Bewegungsformen von eins bis acht durchnumeriert haben. Im Anhang haben wir jedoch alle Poomse durchnumeriert, um diesen benutzerfreundlicher zu gestalten. Auf diese Weise lassen sich die Poomse-Namen leichter in die gültige Reihenfolge einordnen.

Die in der jeweiligen Formenfigur der herausnehmbaren Tafeln schlecht zu erkennenden Techniken, vor allem die von hinten, sind in einer darüberliegenden Leiste aus einer besseren Sicht abgebildet. Die gesuchte Figur kann anhand der zugehörigen Bewegungsnummer leicht gefunden werden.

Taegûk-il-jang

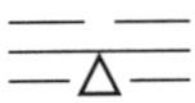
Taegûk-i-jang

Taegûk-sam-jang

Taegûk-sa-jang

Taegûk-oh-jang

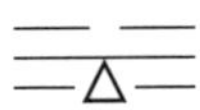
Taegûk-yuk-jang

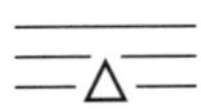
Taegûk-chil-jang

Taegûk-pal-jang

Koryo

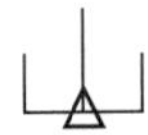
Kûmgang

Taebaek

Pyôngwôn

Sipjin

Jitae

Chôngwôn

Hansu

Ilyô

Taegûk-il-jang Poomse Nr. 1

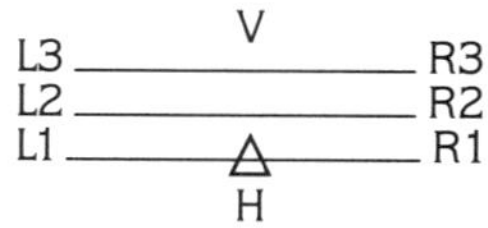

Nr.	Beinbewegung	Stellung	Armbewegung
Junbi		**Pyônhi-sôgi**	**Gibon-junbi** nach **V**
1	Links nach **L1** setzen	Links **Ap-sôgi**	Links **Arae-makki**
2	Rechts nach **L1** vorgehen	Rechts **Ap-sôgi**	Rechts **Momtong-bandae-jirûgi**
3	Rechts nach **R1** wenden	Rechts **Ap-sôgi**	Rechts **Arae-makki**
4	Links nach **R1** vorgehen	Links **Ap-sôgi**	Links **Momtong-bandae-jirûgi**
5	Links nach **V** setzen	Links **Ap-gubi**	Links **Arae-makki**, dann rechts **Momtong-baro-jirûgi**
6	Rechts nach **R2** setzen	Rechts **Ap-sôgi**	Links **Momtong-an-makki**
7	Links nach **R2** vorgehen	Links **Ap-sôgi**	Rechts **Momtong-baro-jirûgi**
8	Links nach **L2** wenden	Links **Ap-sôgi**	Rechts **Momtong-an-makki**
9	Rechts nach **L2** vorgehen	Rechts **Ap-sôgi**	Links **Momtong-baro-jirûgi**
10	Rechts nach **V** setzen	Rechts **Ap-gubi**	Rechts **Arae-makki**, dann links **Momtong-baro-jirûgi**
11	Links nach **L3** setzen	Links **Ap-sôgi**	Links **Ôlgul-makki**
12	Rechts **Ap-chagi** nach **L3** und absetzen	Rechts **Ap-sôgi**	Rechts **Momtong-bandae-jirûgi**
13	Rechts nach **R3** wenden	Rechts **Ap-sôgi**	Rechts **Ôlgul-makki**
14	Links **Ap-chagi** nach **R3** und absetzen	Links **Ap-sôgi**	Links **Momtong-bandae-jirûgi**
15	Links nach **H** setzen	Links **Ap-gubi**	Links **Arae-makki**
16	Rechts nach **H** vorgehen	Rechts **Ap-gubi**	Rechts **Momtong-bandae-jirûgi – „Gihap“**
Gûman	Linken Fuß heranziehen und **V** zudrehen	**Pyônhi-sôgi**	**Gibon-junbi** nach **V**

Taegûk-i-jang

Poomse Nr. 2

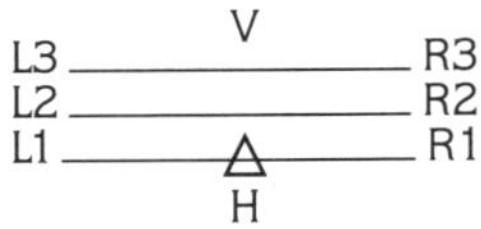

Nr.	Beinbewegung	Stellung	Armbewegung
Junbi		**Pyônhi-sôgi**	**Gibon-junbi** nach **V**
1	Links nach **L1** setzen	Links **Ap-sôgi**	Links **Arae-makki**
2	Rechts nach **L1** vorgehen	Rechts **Ap-gubi**	Rechts **Momtong-bandae-jirûgi**
3	Rechts nach **R1** wenden	Rechts **Ap-sôgi**	Rechts **Arae-makki**
4	Links nach **R1** vorgehen	Links **Ap-gubi**	Links **Momtong-bandae-jirûgi**
5	Links nach **V** setzen	Links **Ap-sôgi**	Rechts **Momtong-an-makki**
6	Rechts nach **V** vorgehen	Rechts **Ap-sôgi**	Links **Momtong-an-makki**
7	Links nach **L2** setzen	Links **Ap-sôgi**	Links **Arae-makki**
8	Rechts **Ap-chagi** nach **L2** und absetzen	Rechts **Ap-gubi**	Rechts **Ôlgul-bandae-jirûgi**
9	Rechts nach **R2** wenden	Rechts **Ap-sôgi**	Rechts **Arae-makki**
10	Links **Ap-chagi** nach **R2** und absetzen	Links **Ap-gubi**	Links **Ôlgul-bandae-jirûgi**
11	Links nach **V** setzen	Links **Ap-sôgi**	Links **Ôlgul-makki**
12	Rechts nach **V** vorgehen	Rechts **Ap-sôgi**	Rechts **Ôlgul-makki**
13	Links nach **R3** wenden	Links **Ap-sôgi**	Rechts **Momtong-an-makki**
14	Rechts nach **L3** wenden	Rechts **Ap-sôgi**	Links **Momtong-an-makki**
15	Links nach **H** setzen	Links **Ap-sôgi**	Links **Arae-makki**
16	Rechts **Ap-chagi** nach **H** und absetzen	Rechts **Ap-sôgi**	Rechts **Momtong-bandae-jirûgi**
17	Links **Ap-chagi** nach **H** und absetzen	Links **Ap-sôgi**	Links **Momtong-bandae-jirûgi**
18	Rechts **Ap-chagi** nach **H** und absetzen	Rechts **Ap-sôgi**	Rechts **Momtong-bandae-jirûgi – „Gihap“**
Gûman	Linken Fuß heranziehen und **V** zudrehen	**Pyônhi-sôgi**	**Gibon-junbi** nach **V**

Taegûk-sam-jang

Poomse Nr. 3

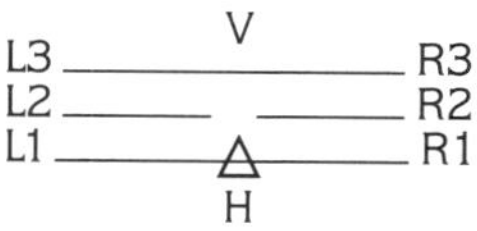

Nr.	Beinbewegung	Stellung	Armbewegung
Junbi		**Pyônhi-sôgi**	**Gibon-junbi** nach **V**
1	Links nach **L1** setzen	Links **Ap-sôgi**	Links **Arae-makki**
2	Rechts **Ap-chagi** nach **L1** und absetzen	Rechts **Ap-gubi**	Rechts/links **Momtong-dubôn-jirûgi**
3	Rechts nach **R1** wenden	Rechts **Ap-sôgi**	Rechts **Arae-makki**
4	Links **Ap-chagi** nach **R1** und absetzen	Links **Ap-gubi**	Links/rechts **Momtong-dubôn-jirûgi**
5	Links nach **V** setzen	Links **Ap-sôgi**	Rechts **Sonnal-mokchigi**
6	Rechts nach **V** vorgehen	Rechts **Ap-sôgi**	Links **Sonnal-mokchigi**
7	Links nach **L2** setzen	Rechts **Dwit-gubi**	Links **Hansonnal-momtong-makki**
8	Links nach **L2** vorgleiten	Links **Ap-gubi**	Rechts **Momtong-baro-jirûgi**
9	Rechts etwas heranziehen und nach **R2** wenden	Links **Dwit-gubi**	Rechts **Hansonnal-momtong-makki**
10	Rechts nach **R2** vorgleiten	Rechts **Ap-gubi**	Links **Momtong-baro-jirûgi**
11	Links nach **V** setzen	Links **Ap-sôgi**	Rechts **Momtong-an-makki**
12	Rechts nach **V** vorgehen	Rechts **Ap-sôgi**	Links **Momtong-an-makki**
13	Links nach **R3** wenden	Links **Ap-sôgi**	Links **Arae-makki**
14	Rechts **Ap-chagi** nach **R3** und absetzen	Rechts **Ap-gubi**	Rechts/links **Momtong-dubôn-jirûgi**
15	Rechts nach **L3** wenden	Rechts **Ap-sôgi**	Rechts **Arae-makki**
16	Links **Ap-chagi** nach **L3** und absetzen	Links **Ap-gubi**	Links/rechts **Momtong-dubôn-jirûgi**
17	Links nach **H** setzen	Links **Ap-sôgi**	Links **Arae-makki**, dann rechts **Momtong-baro-jirûgi**
18	Rechts nach **H** vorgehen	Rechts **Ap-sôgi**	Rechts **Arae-makki**, dann links **Momtong-baro-jirûgi**
19	Links **Ap-chagi** nach **H** und absetzen	Links **Ap-sôgi**	Links **Arae-makki**, dann rechts **Momtong-baro-jirûgi**
20	Rechts **Ap-chagi** nach **H** und absetzen	Rechts **Ap-sôgi**	Rechts **Arae-makki**, dann links **Momtong-baro-jirûgi** – „**Gihap**“
Gûman	Linken Fuß heranziehen und **V** zudrehen	**Pyônhi-sôgi**	**Gibon-junbi** nach **V**

Taegûk-sa-jang

Poomse Nr. 4

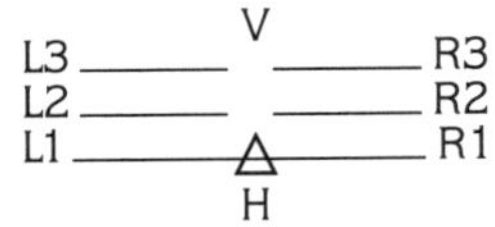

Nr.	Beinbewegung	Stellung	Armbewegung
Junbi		**Pyônhi-sôgi**	**Gibon-junbi** nach **V**
1	Links nach **L1** setzen	Rechts **Dwit-gubi**	Links **Sonnal-makki**
2	Rechts nach **L1** vorgehen	Rechts **Ap-gubi**	Rechts **Sonkût-chirûgi**
3	Rechts nach **R1** wenden	Links **Dwit-gubi**	Rechts **Sonnal-makki**
4	Links nach **R1** vorgehen	Links **Ap-gubi**	Links **Sonkût-chirûgi**
5	Links nach **V** setzen	Links **Ap-gubi**	Rechts **Jebipum-mokchigi**
6	Rechts **Ap-chagi** nach **V** und absetzen	Rechts **Ap-gubi**	Links **Momtong-baro-jirûgi**
7	Links **Yôp-chagi** nach **V** und absetzen	Links **Ap-gubi**	
8	Rechts **Yôp-chagi** nach **V** und absetzen	Links **Dwit-gubi**	Rechts **Sonnal-makki**
9	Links nach **R3** wenden	Rechts **Dwit-gubi**	Links **Bakkat-palmok-momtong-makki**
10	Rechts nach **R3** **Ap-chagi** und nach **L3** zurücksetzen	Rechts **Dwit-gubi**	Rechts **Momtong-an-makki**
11	Rechts nach **L3** wenden	Links **Dwit-gubi**	Rechts **Bakkat-palmok-momtong-maki**
12	Links nach **L3** **Ap-chagi** und nach **R3** zurücksetzen	Links **Dwit-gubi**	Links **Momtong-an-makki**
13	Links nach **H** setzen	Links **Ap-gubi**	Rechts **Jebipum-mokchigi**
14	Rechts **Ap-chagi** nach **H** und absetzen	Rechts **Ap-gubi**	Rechts **Dûng-jumòk-ape-chigi**
15	Links nach **R2** setzen	Links **Ap-sôgi**	Links **Momtong-an-makki**, dann rechts **Momtong-baro-jirûgi**
16	Rechts nach **L2** wenden	Rechts **Ap-sôgi**	Rechts **Momtong-an-makki**, dann links **Momtong-baro-jirûgi**
17	Links nach **H** setzen	Links **Ap-gubi**	Links **Momtong-an-makki**, dann rechts/links **Momtong-dubôn-jirûgi**
18	Rechts nach **H** vorgehen	Rechts **Ap-gubi**	Rechts **Momtong-an-makki**, dann links/rechts **Momtong-dubôn-jirûgi** – „**Gihap**“
Gûman	Linken Fuß heranziehen und **V** zudrehen	**Pyônhi-sôgi**	**Gibon-junbi** nach **V**

Taegûk-oh-jang   Poomse Nr. 5

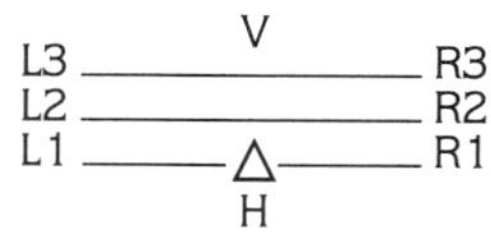

Nr.	Beinbewegung	Stellung	Armbewegung
Junbi		**Pyônhi-sôgi**	**Gibon-junbi**
1	Links nach **L1** setzen	Links **Ap-gubi**	Links **Arae-makki**
2	Links heranziehen	**Pyônhi-sôgi**	Links **Me-jumôk-naeryô-chigi**
3	Rechts nach **R1** setzen	Rechts **Ap-gubi**	Rechts **Arae-makki**
4	Rechts heranziehen	**Pyônhi-sôgi**	Rechts **Me-jumôk-naeryô-chigi**
5	Links nach **V** vorgehen	Links **Ap-gubi**	Links, dann rechts **Momtong-an-makki**
6	Rechts **Ap-chagi** nach **V** und absetzen	Rechts **Ap-gubi**	Rechts **Dûng-jumôk-ape-chigi**, dann links **Momtong-an-makki**
7	Links **Ap-chagi** nach **V** und absetzen	Links **Ap-gubi**	Links **Dûng-jumôk-ape-chigi**, dann rechts **Momtong-an-makki**
8	Rechts nach **V** vorgehen	Rechts **Ap-gubi**	Rechts **Dûng-jumôk-ape-chigi**
9	Links nach **R3** wenden	Rechts **Dwit-gubi**	Links **Hansonnal-makki**
10	Rechts nach **R3** vorgehen	Rechts **Ap-gubi**	Rechts **Palkup-dollyô-chigi** (linke Hand zieht die rechte Faust)
11	Rechts nach **L3** wenden	Links **Dwit-gubi**	Rechts **Hansonnal-makki**
12	Links nach **L3** vorgehen	Links **Ap-gubi**	Links **Palkup-dollyô-chigi** (rechte Hand zieht die linke Faust)
13	Links nach **H** setzen	Links **Ap-gubi**	Links **Arae-makki**, dann rechts **Momtong-an-makki**
14	Rechts **Ap-chagi** nach **H** und absetzen	Rechts **Ap-gubi**	Rechts **Arae-makki**, dann links **Momtong-an-makki**
15	Links nach **R2** setzen	Links **Ap-gubi**	Links **Ôlgul-makki**
16	Rechts **Yôp-chagi** nach **R2** und absetzen	Rechts **Ap-gubi**	Links **Palkup-pyojôk-chigi**
17	Rechts nach **L2** wenden	Rechts **Ap-gubi**	Rechts **Ôlgul-makki**
18	Links **Yôp-chagi** nach **L2** und absetzen	Links **Ap-gubi**	Rechts **Palkup-pyojôk-chigi**
19	Links nach **H** setzen	Links **Ap-gubi**	Links **Arae-makki**, dann rechts **Momtong-an-makki**
20	Rechts **Ap-chagi** nach **H** und vorspringen	Rechts **Koa-sôgi**	Rechts **Dûng-jumôk-ape-chigi – „Gihap"**
Gûman	Linken Fuß nach **L1** setzen und **V** zudrehen	**Pyônhi-sôgi**	**Gibon-junbi** nach **V**

Taegûk-yuk-jang

Poomse Nr. 6

L3 ——— V ——— R3
L2 ————————— R2
L1 ——— △ ——— R1
H

Nr.	Beinbewegung	Stellung	Armbewegung
Junbi		**Pyônhi-sôgi**	**Gibon-junbi**
1	Links nach **L1** setzen	Links **Ap-gubi**	Links **Arae-makki**
2	Rechts nach **L1 Ap-chagi** und nach **R1** zurücksetzen	Rechts **Dwit-gubi**	Links **Bakkat-palmok-momtong-makki**
3	Rechts nach **R1** wenden	Rechts **Ap-gubi**	Rechts **Arae-makki**
4	Links nach **R1 Ap-chagi** und nach **L1** zurücksetzen	Links **Dwit-gubi**	Rechts **Bakkat-palmok-momtong-makki**
5	Links nach **V** setzen	Links **Ap-gubi**	Links **Jebipum-hansonnal-ôlgul-makki**
6	Rechts **Dollyô-chagi** nach **V** und absetzen	**Juchum-sôgi**	
7	Links nach **L2** setzen	Links **Ap-gubi**	Links **Bakkat-palmok-ôlgul-makki**, dann rechts **Momtong-baro-jirûgi**
8	Rechts **Ap-chagi** nach **L2** und absetzen	Rechts **Ap-gubi**	Links **Momtong-baro-jirûgi**
9	Rechts nach **R2** wenden	Rechts **Ap-gubi**	Rechts **Bakkat-palmok-ôlgul-makki**, dann links **Momtong-baro-jirûgi**
10	Links **Ap-chagi** nach **R2** und absetzen	Links **Ap-gubi**	Rechts **Momtong-baro-jirûgi**

11	Links nach **L1** zurücksetzen und **V** zudrehen	**Pyônhi-sôgi** nach **V**	**Arae-hechyô-makki** (langsam)
12	Rechts nach **V** vorgehen	Rechts **Ap-gubi**	Links **Jebipum-hansonnal-ôlgul-makki**
13	Links **Dollyô-chagi** nach **V** und absetzen – **„Gihap"**	**Juchum-sôgi**	
14	Rechts nach **L3** wenden	Rechts **Ap-gubi**	Rechts **Arae-makki**
15	Links nach **L3** **Ap-chagi** und nach **R3** zurücksetzen	Links **Dwit-gubi**	Rechts **Bakkat-palmok-momtong-makki**
16	Links nach **R3** wenden	Links **Ap-gubi**	Links **Arae-makki**
17	Rechts nach **R3** **Ap-chagi** und nach **L3** zurücksetzen	Rechts **Dwit-gubi**	Links **Bakkat-palmok-momtong-makki**
18	Rechts nach **H** setzen	Rechts **Dwit-gubi**	Links **Sonnal-makki**
19	Links nach **H** zurückgehen	Links **Dwit-gubi**	Rechts **Sonnal-makki**
20	Rechts nach **H** zurückgehen	Links **Ap-gubi**	Links **Batangson-momtong-makki,** dann rechts **Momtong-baro-jirûgi** (schnell)
21	Links nach **H** zurückgehen	Rechts **Ap-gubi**	rechts **Batangon-momtong-makki,** dann links **Momtong-baro-jirûgi** (schnell)
Gûman	Linken Fuß vorziehen	**Pyônhi-sôgi**	**Gibon-junbi** nach **V**

Taegûk-chiljang

Poomse Nr. 7

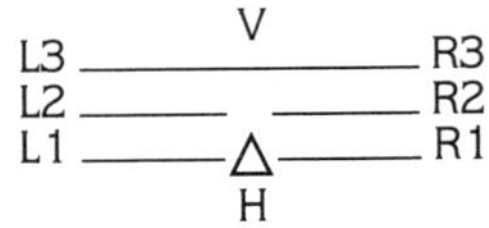

Nr.	Beinbewegung	Stellung	Armbewegung
Junbi		**Pyônhi-sôgi**	**Gibon-junbi**
1	Links nach **L1** setzen	Links **Bôm-sôgi**	Rechts **Batangson-momtong-makki**
2	Rechts nach **L1 Ap-chagi** und nach **R1** zurücksetzen	Links **Bôm-sôgi**	Links **Momtong-an-makki**
3	Rechts nach **R1** wenden	Rechts **Bôm-sôgi**	Links **Batangson-momtong-makki**
4	Links nach **R1 Ap-chagi** und nach **L1** zurücksetzen	Rechts **Bôm-sôgi**	Rechts **Momtong-an-makki**
5	Links nach **V** setzen	Rechts **Dwit-gubi**	Links **Sonnal-arae-makki**
6	Rechts nach **V** vorgehen	Links **Dwit-gubi**	Rechts **Sonnal-arae-makki**
7	Links nach **L2** setzen	Links **Bôm-sôgi**	Rechts erst **Batangson-momtong-an-makki**, dann (schnell) **Dûng-jumôk-ape-chigi** (linker Faustrücken unter rechtem Ellenbogen)
8	Rechts nach **R2** wenden	Rechts **Bôm-sôgi**	Links erst **Batangson-momtong-an-makki**, dann (schnell) **Dûng-jumôk-ape-chigi** (rechter Faustrücken unter linkem Ellenbogen)
9	Links heranziehen und **V** zudrehen	**Moa-sôgi**	**Bo-jumôk-junbi** nach **V**
10	Links nach **V** vorgehen	Links **Ap-gubi**	**Bandae-gawi-makki**, dann **Baro-gawi-makki**

11	Rechts nach **V** vorgehen (im Gehen Armstellung wechseln)	Rechts **Ap-gubi**	**Bandae-gawi-makki**, dann **Baro-gawi-makki**
12	Links nach **R3** wenden	Links **Ap-gubi**	**Momtong-hechyô-makki**
13	Rechts **Murûp-chigi** nach **R3** und vorspringen	Rechts **Koa-sôgi**	**Du-jumôk-jechyô-jirûgi** (schnell)
14	Links nach **L3** zurückgehen	Rechts **Ap-gubi**	**Ôtgôrô-arae-makki** (schnell)
15	Rechts nach **L3** wenden	Rechts **Ap-gubi**	**Momtong-hechyô-makki**
16	Links **Murûp-chigi** nach **L3** und vorspringen	Links **Koa-sôgi**	**Du-jumôk-jechyô-jirûgi** (schnell)
17	Rechts nach **R3** zurückgehen	Links **Ap-gubi**	**Ôtgôrô-arae-makki** (schnell)
18	Links nach **H** setzen	Links **Ap-sôgi**	links **Dûng-jumôk-ôlgul-bakkat-chigi**
19	Rechts **Pyojôk-chagi** nach **H** und absetzen	**Juchum-sôgi**	Rechts **Palkup-pyojôk-chigi** nach **R**
20	Links nach **H** etwas vorziehen	Rechts **Ap-sôgi** nach **H**	Rechts **Dûng-jumôk-ôlgul-bakkat-chigi**
21	Links **Pyojôk-chagi** nach **H** und absetzen	**Juchum-sôgi**	Links **Palkup-pyojôk-chigi** nach **L**
22	Füße bleiben unbeweglich stehen	**Juchum-sôgi**	Links **Hansonnal-momtong-yôp-makki**
23	Rechts nach **H** vorgehen (beim Vorgehen mit der linken Hand auswärts greifen und zur Hüfte ziehen)	**Juchum-sôgi**	Rechts **Jumôk-yôp-jirûgi – „Gihap"**
Gûman	Linken Fuß vorziehen und **V** zudrehen	**Pyônhi-sôgi**	**Gibon-junbi** nach **V**

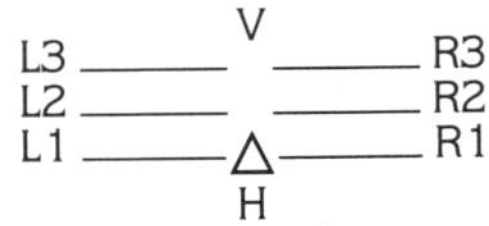

Taegûk-pal-jang

Poomse Nr. 8

Nr.	Beinbewegung	Stellung	Armbewegung
Junbi		**Pyônhi-sôgi**	**Gibon-junbi**
1	Links nach **V** vorgehen, dann vorgleiten	Rechts **Dwit-gubi**, dann links **Ap-gubi**	Links **Bakkat-palmok-gôdûrô-makki**, dann rechts **Momtong-baro-jirûgi** (schnell)
2	Links **Dubal-dangsang-twio-ap-chagi** nach **V** vorspringen – **„Gihap“**	Links **Ap-gubi**	Links **Momtong-an-makki**, dann rechts/links **Momtong-dubon-jirûgi**
3	Rechts nach **V** vorgehen	Rechts **Ap-gubi**	Rechts **Momtong-bandae-jirûgi**
4	Links nach **R3** setzen (Blickrichtung **R3**)	Rechts **Ap-gubi**	Links **Oesantûl-makki**
5	auf den Fußballen nach **R3** drehen	Links **Ap-gubi**	Rechts **Jumôk-dangyô-tôk-jirûgi** (langsam) und linke Faust zur rechten Schulter führen
6	Links vor dem rechten Fuß überkreuzen, dann rechts nach **L3** setzen (Blickrichtung **L3**)	Links **Ap-gubi**	Rechts **Oesantûl-makki**
7	auf den Fußballen nach **L3** drehen	Rechts **Ap-gubi**	Links **Jumôk-dangyô-tôk-jirûgi** (langsam) und rechte Faust zur linken Schulter führen
8	Rechts nach **H** setzen, dann links nach **V** vorgleiten	Rechts **Dwit-gubi**, dann links **Ap-gubi**	Links **Sonnal-makki**, dann rechts **Momtong-baro-jirûgi** (schnell)
9	Rechts **Ap-chagi** nach **V** und nach **H** zurücksetzen, dann links nach **H** zurückgehen und rechten Fuß schnell nachziehen	Rechts **Bôm-sôgi**	Rechts **Batangson-momtong-makki**
10	Links nach **L2** setzen	Links **Bôm-sôgi**	Links **Sonnal-makki**

11	Links **Ap-chagi** nach **L2** und absetzen	Links **Ap-gubi**	Rechts **Momtong-baro-jirûgi** (schnell)
12	Links etwas zurückziehen	Links **Bôm-sôgi**	Links **Batangson-momtong-makki** (schnell)
13	Rechts nach **R2** wenden	Rechts **Bôm-sôgi**	Rechts **Sonnal-makki**
14	Rechts **Ap-chagi** nach **R2** und absetzen	Rechts **Ap-gubi**	Links **Momtong-baro-jirûgi** (schnell)
15	Rechts etwas zurückziehen	Rechts **Bôm-sôgi**	Rechts **Batangson-momtong-makki** (schnell)
16	Rechts nach **H** setzen	Links **Dwit-gubi**	Rechts **Gôdûrô-arae-makki**
17	Links **Ap-chagi** nach **H**, dann rechts **Twiô-ap-chagi – „Gihap"** (auf der Stelle springen)	Rechts **Ap-gubi**	Rechts **Momtong-an-makki**, dann links/rechts **Momtong-dubon-jirûgi** (schnell)
18	Links nach **L1** wenden	Rechts **Dwit-gubi**	Links **Hansonnal-makki**
19	Links nach **L1** vorgleiten	Links **Ap-gubi**	Rechts **Palkup-dollyô-chigi** (schnell) und anschließend **Dûng-jumôk-ape-chigi** (schnell), dann links **Momtong-bandae-jirûgi** (schnell)
20	Rechts nach **R1** wenden	Links **Dwit-gubi**	Rechts **Hansonnal-makki**
21	Rechts nach **R1** vorgleiten	Rechts **Ap-gubi**	Links **Palkup-dollyô-chigi** (schnell) und anschließend **Dûng-jumôk-ape-chigi** (schnell), dann rechts **Momtong-bandae-jirûgi** (schnell)
Gûman	Links heranziehen und **V** zudrehen	**Pyônhi-sôgi**	**Gibon-junbi** nach **V**

Koryo

Poomse Nr. 9

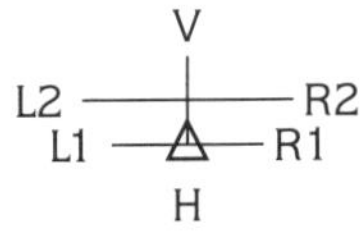

Nr.	Beinbewegung	Stellung	Armbewegung
Junbi		**Pyônhi-sôgi**	**Tongmilgi-junbi**
1	Links nach **L1** setzen	Rechts **Dwit-gubi**	Links **Sonnal-makki**
2	Rechts erst **Arae-yôp-chagi**, dann **Momtong-yôp-chagi** nach **L1** und absetzen (schnell)	Rechts **Ap-gubi**	Rechts **Sonnal-bakkat-chigi** (schnell)
3	Die Füße bleiben unbeweglich stehen	Rechts **Ap-gubi**	Links **Momtong-baro-jirûgi** (schnell)
4	Rechts etwas zurückziehen	Links **Dwit-gubi**	Rechts **Momtong-an-makki** (schnell)
5	Rechts nach **R1** wenden	Links **Dwit-gubi**	Rechts **Sonnal-makki**
6	Links erst **Arae-yôp-chagi**, dann **Momtong-yôp-chagi** nach **R1** und absetzen (schnell)	Links **Ap-gubi**	Links **Sonnal-bakkat-chigi** (schnell)
7	Die Füße bleiben unbeweglich stehen	Links **Ap-gubi**	Rechts **Momtong-baro-jirûgi** (schnell)
8	Links etwas zurückziehen	Rechts **Dwit-gubi**	Links **Momtong-an-makki** (schnell)
9	Links nach **V** setzen	Links **Ap-gubi**	Links **Hansonnal-arae-makki**, dann rechts **Kaljaebi** (schnell)
10	Rechts **Ap-chagi** nach **V** und absetzen	Rechts **Ap-gubi**	Rechts **Hansonnal-arae-makki**, dann links **Kaljaebi** (schnell)
11	Links **Ap-chagi** nach **V** und absetzen	Links **Ap-gubi**	Links **Hansonnal-arae-makki**, dann rechts **Kaljaebi** (schnell) – **„Gihap"**
12	Rechts **Ap-chagi** nach **V** und absetzen	Rechts **Ap-gubi**	Links **Murûp-kôkki**
13	Links nach **V** setzen, dabei rechtsherum drehen	Rechts **Ap-gubi**	**An-palmok-hechyô-makki** nach **H**
14	Links **Ap-chagi** nach **H** und absetzen	Links **Ap-gubi**	Rechts **Murûp-kôkki**
15	Links etwas zurückziehen	Links **Ap-sôgi**	**An-palmok-hechyô-makki**
16	Rechts rückwärts nach **R2** setzen	**Juchum-sôgi**	Links **Hansonnal-yôp-makki** nach **L2** (schnell)

17	Beide Füße bleiben unbeweglich stehen	**Juchum-sôgi**	Rechts **Jumôk-pyojôk-jirûgi** (schnell)
18	Rechts vor dem linken Fuß überkreuzen, dann links **Yôp-chagi** nach **L2** und absetzen	Rechts **Ap-gubi**	Links **Pyônson-kût-jechyô-arae-chirûgi** nach **R2** (rechte Faust auf der linken Schulter)
19	Rechts etwas zurückziehen	Rechts **Ap-sôgi**	Rechts **Arae-makki** (schnell)
20	Erst links nach **R2** vorgehen, dann rechts nach **R2** setzen	Links **Ap-sôgi**, dann **Juchum-sôgi**	Links **Batangson-nullô-makki** (schnell), dann rechts **Palkup-yôp-chigi** (schnell) nach **R2**
21	Beide Füße bleiben unbeweglich stehen	**Juchum-sôgi**	Rechts **Hansonnal-yôp-makki** nach **R2** (schnell)
22	Beide Füße bleiben unbeweglich stehen	**Juchum-sôgi**	Links **Jumôk-pyojôk-jirûgi** (schnell)
23	Links vor dem rechten Fuß überkreuzen, dann rechts **Yôp-chagi** nach **R2** und absetzen	Links **Ap-gubi**	Rechts **Pyônson-kût-jechyô-arae-chirûgi** nach **L2** (linke Faust auf der rechten Schulter)
24	Links etwas zurückziehen	Links **Ap-sôgi**	Links **Arae-makki** (schnell)
25	Erst rechts nach **L2** vorgehen, dann links nach **L2** setzen	Rechts **Ap-sôgi**, dann **Juchum-sôgi**	Rechts **Batangson-nullô-makki** (schnell), dann links **Palkup-yôp-chigi** (schnell) nach **L2**
26	Rechten Fuß bis zum linken ziehen, dabei Arme über den Kopf heben und kreisförmig unten wieder zusammenführen (langsam)	**Moa-sôgi** nach **V**	Links **Me-jumôk-pyojôk-arae-chigi** vor dem Unterleib
27	Links nach **H** wenden	Links **Ap-gubi**	Links **Sonnal-bakkat-chigi**, dann **Hansonnal-arae-makki** (schnell)
28	Rechts nach **H** vorgehen	Rechts **Ap-gubi**	Rechts **Sonnal-mokchigi**, dann **Hansonnal-arae-makki** (schnell)
29	Links nach **H** vorgehen	Links **Ap-gubi**	Links **Sonnal-mokchigi**, dann **Hansonnal-arae-makki** (schnell)
30	Rechts nach **H** vorgehen	Rechts **Ap-gubi**	Rechts **Kaljaebi – „Gihap“**
Gûman	Links vorziehen und **V** zudrehen	**Pyônhi-sôgi**	**Tongmilgi-junbi** nach **V**

Kûmgang Poomse Nr. 10

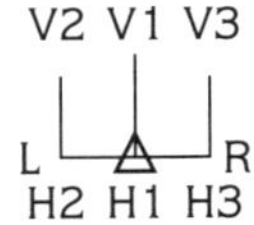

Nr.	Beinbewegung	Stellung	Armbewegung
Junbi		**Pyônhi-sôgi**	**Gibon-junbi**
1	Links nach **V1** vorgehen	Links **Ap-gubi**	**An-palmok-hechyô-makki**
2	Rechts nach **V1** vorgehen	Rechts **Ap-gubi**	Rechts **Batangson-tôkchigi**
3	Links nach **V1** vorgehen	Links **Ap-gubi**	Links **Batangson-tôkchigi**
4	Rechts nach **V1** vorgehen	Rechts **Ap-gubi**	Rechts **Batangson-tôkchigi**
5	Rechts nach **H1** zurücksetzen	Rechts **Dwit-gubi**	Links **Sonnal-momtong-an-makki**
6	Links nach **H1** zurücksetzen	Links **Dwit-gubi**	Rechts **Sonnal-momtong-an-makki**
7	Rechts nach **H1** zurücksetzen	Rechts **Dwit-gubi**	Links **Sonnal-momtong-an-makki**
8	Linken Fuß zum rechten Knie hochziehen	Rechts **Hakdari-sôgi**	Links **Kûmgang-makki** Blick nach **L** (langsam)
9	Links schnell nach **L** absetzen	**Juchum-sôgi**	Rechts **Kûn-dolchôgwi**
10	Linksherum erst rechts, dann links nach **L** setzen (schnell)	**Juchum-sôgi**	Rechts **Kûn-dolchôgwi**
11	Rechts **Sewô-an-chagi** nach **V2** und stampfend absetzen	**Juchum-sôgi**	**Santul-makki** Blick nach **L** – **„Gihap“**
12	Links nach **V2** setzen	**Juchum-sôgi**	**An-palmok-momtong-hechyô-makki** Blick nach **R**
13	Links etwas heranziehen und Knie strecken (langsam)	**Pyônhi-sôgi**	**Arae-hechyô-makki** Blick nach **H2** (langsam)
14	Links **Sewô-an-chagi** nach **H2** und stampfend aufsetzen	**Juchum-sôgi**	**Santûl-makki** Blick nach **L**

15	Rechten Fuß zum rechten Knie hochziehen	Links **Hakdari-sôgi**	Rechts **Kûmgang-makki** Blick nach **R** (langsam)
16	Rechts schnell nach **R** absetzen	**Juchum-sôgi**	Links **Kûn-dolchôgwi**
17	Rechtsherum erst links, dann rechts nach **R** setzen (schnell)	**Juchum-sôgi**	Links **Kûn-dolchôgwi**
18	Rechten Fuß zum linken Knie hochziehen	Links **Hakdari-sôgi**	Rechts **Kûmgang-makki** (langsam)
19	Rechts schnell nach **R** absetzen	**Juchum-sôgi**	Links **Kûn-dolchôgwi**
20	Rechtsherum erst links, dann rechts nach **R** setzen (schnell)	**Juchum-sôgi**	Links **Kûn-dolchôgwi**
21	Links **Sewô-an-chagi** nach **V3** und stampfend absetzen	**Juchum-sôgi**	**Santûl-makki** Blick nach **R** – **„Gihap"**
22	Rechts nach **V3** setzen	**Juchum-sôgi**	**An-palmok-momtong-hechyô-makki** Blick nach **L**
23	Rechts etwas heranziehen und Knie strecken (langsam)	**Pyônhi-sôgi**	**Arae-hechyô-makki** Blick nach **H3** (langsam)
24	Rechts **Sewô-an-chagi** nach **H3** und stampfend absetzen	**Juchum-sôgi**	**Santûl-makki** Blick nach **R**
25	Linken Fuß zum rechten Knie hochziehen	Rechts **Hakdari-sôgi**	Links **Kûmgang-makki** Blick nach **L** (langsam)
26	Links schnell nach **L** absetzen	**Juchum-sôgi**	Rechts **Kûn-dolchôgwi**
27	Linksherum erst rechts, dann links nach **L** setzen (schnell)	**Juchum-sôgi**	Rechts **Kûn-dolchôgwi**
Gûman	Links etwas heranziehen	**Pyônhi-sôgi**	**Gibon-junbi** nach **V1**

Taebaek

Poomse Nr. 11

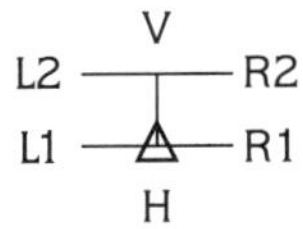

Nr.	Beinbewegung	Stellung	Armbewegung
Junbi		**Pyônhi-sôgi**	**Gibon-junbi**
1	Links nach **L1** setzen	Links **Bôm-sôgi**	**Sonnal-arae-hechyô-makki**
2	Rechts **Ap-chagi** nach **L1** und absetzen	Rechts **Ap-gubi**	Rechts/links **Momtong-dubôn-jirûgi**
3	Rechts nach **R1** wenden	Rechts **Bôm-sôgi**	**Sonnal-arae-hechyô-makki**
4	Links **Ap-chagi** nach **R1** und absetzen	Links **Ap-gubi**	Links/rechts **Momtong-dubôn-jirûgi**
5	Links nach **V** setzen	Links **Ap-gubi**	Rechts **Jebipum-sonnal-mok-chigi**
6	Rechte Handfläche langsam nach unten bringen, dann rechts schnell nach **V** vorgehen	Rechts **Ap-gubi**	Links **Momtong-baro-jirûgi**
7	Linke Handfläche langsam nach unten bringen, dann links schnell nach **V** vorgehen	Links **Ap-gubi**	Rechts **Momtong-baro-jirûgi**
8	Rechte Handfläche langsam nach unten bringen, dann rechts schnell nach **V** vorgehen	Rechts **Ap-gubi**	Links **Momtong-baro-jirûgi – „Gihap“**
9	Links nach **R2** wenden	Rechts **Dwit-gubi**	Links **Kûmgang-momtong-makki**
10	Beide Füße bleiben unbeweglich stehen	Rechts **Dwit-gubi**	Rechts **Jumôk-dangyô-tôk-jirûgi** (schnell)
11	Beide Füße bleiben unbeweglich stehen	Rechts **Dwit-gubi**	Links **Yôp-jirûgi** (schnell)
12	Linken Fuß zum rechten Knie hochziehen	Rechts **Hakdari-sôgi**	Links **Jagûn-dolchôgwi** (schnell)

13	Links **Yôp-chagi** nach **R2** und absetzen	Links **Ap-gubi**	Rechts **Palkup-pyojôk-chigi** (schnell)
14	Linken Fuß zum rechten zu **Moa-sôgi** heranziehen, dann rechts nach **L2** setzen	Links **Dwit-gubi**	Rechts **Kûmgang-momtong-makki**
15	Beide Füße bleiben unbeweglich stehen	Links **Dwit-gubi**	Links **Jumôk-dangyô-tôk-jirûgi** (schnell)
16	Beide Füße bleiben unbeweglich stehen	Links **Dwit-gubi**	Rechts **Yôp-jirûgi** (schnell)
17	Rechten Fuß zum linken Knie hochziehen	Links **Hakdari-sôgi**	Rechts **Jagûn-dolchôgwi** (schnell)
18	Rechts **Yôp-chagi** nach **L2** und absetzen	Rechts **Ap-gubi**	Links **Palkup-pyojôk-chigi** (schnell)
19	Rechten Fuß zum linken zu **Moa-sôgi** heranziehen, dann links nach **H** vorgehen	Rechts **Dwit-gubi**	Links **Sonnal-makki**
20	Rechts nach **H** vorgehen	Rechts **Ap-gubi**	Rechts **Pyônsonkût-chirûgi**
21	Links Ausfallschritt nach **V**, dann linksherum nach **H** setzen	Rechts **Dwit-gubi**	Links **Dûng-jumôk-ôlgul-bakkat-chigi**
22	Rechts nach **H** vorgehen	Rechts **Ap-gubi**	Rechts **Momtong-bandae-jirûgi – „Gihap"**
23	Links nach **L1** wenden	Links **Ap-gubi**	**Baro-gawi-makki**
24	Rechts **Ap-chagi** nach **L1** und absetzen	Rechts **Ap-gubi**	Rechts/links **Momtong-dubôn-jirûgi**
25	Rechts nach **R1** wenden	Rechts **Ap-gubi**	**Baro-gawi-makki**
26	Links **Ap-chagi** nach **R1** und absetzen	Links **Ap-gubi**	Links/rechts **Momtong-dubôn-jirûgi**
Gûman	Links zurückziehen und **V** zudrehen	**Pyônhi-sôgi**	**Gibon-junbi** nach **V**

Pyôngwôn

Poomse Nr. 12

V
L ——— △ ——— R
H

Nr.	Beinbewegung	Stellung	Armbewegung
Junbi		**Moa-sôgi**	**Gyôpson-junbi**
1	Links nach **L** setzen	**Pyônhi-sôgi**	**Sonnal-arae-hechyô-makki** (langsam)
2	Beide Füße bleiben unbeweglich stehen	**Pyônhi-sôgi**	**Tongmilgi** (langsam)
3	Rechts nach **R** setzen	Links **Dwit-gubi**	Rechts **Hansonnal-arae-makki**
4	Links nach **L** wenden	Rechts **Dwit-gubi**	Links **Hansonnal-momtong-makki**
5	Links nach **L** vorgleiten	Links **Ap-gubi**	Rechts **Palkup-ollyô-chigi**
6	Rechts **Ap-chagi** nach **L** und absetzen, dann linksherum drehen und links **Yôp-chagi** nach **L** und absetzen	Links **Dwit-gubi**	Rechts **Sonnal-momtong-makki** nach **R**
7	Beide Füße bleiben unbeweglich stehen	Links **Dwit-gubi**	Rechts **Sonnal-arae-makki** (in einem großen, gegen den Uhrzeigersinn geführten Kreis ausführen)
8	Rechten Fuß nach innen drehen	**Juchum-sôgi**	Rechts **Gôdûrô-ôlgul-yôp-makki** (in einem großen, im Uhrzeigersinn geführten Kreis ausführen)
9	Rechts auf der Stelle aufstampfen	**Juchum-sôgi**	Rechts **Dûng-jumôk-dangyô-tôk-chigi** nach **V** – **„Gihap“** (die linke Hand greift nach **V**, schließt sich und wird mit dem Handrükken unter den rechten Ellenbogen gebracht)
10	Beide Füße bleiben unbeweglich stehen	**Juchum-sôgi**	Links (schnell nachfolgend) **Dûng-jumôk-dangyô-tôk-chigi** nach **V**
11	Links rechten Fuß vorne überkreuzen	Links **Ap-koa-sôgi**	**Monge-chigi** Blick nach **R**

12	Rechts nach **R** setzen	**Juchum-sôgi**	**Hechyô-santûl-makki** Blick nach **V**
13	Rechten Fuß zum linken Knie hochziehen	Links **Hakdari-sôgi**	Rechts **Kûmgang-makki** dann rechts **Jagûn-dolchôgwi**
14	Rechts **Yôp-chagi** nach **R** und absetzen	Rechts **Ap-gubi**	Links **Palkup-ollyô-chigi**
15	Links **Ap-chagi** nach **R** und absetzen, dann rechtsherum drehen und rechts **Yôp-chagi** nach **R** und absetzen	Rechts **Dwit-gubi**	links **Sonnal-momtong-makki** nach **L**
16	Beide Füße bleiben unbeweglich stehen	Rechts **Dwit-gubi**	Links **Sonnal-arae-makki** (in einem großen, im Uhrzeigersinn geführten Kreis)
17	Linken Fuß nach innen drehen	**Juchum-sôgi**	Links **Gôdûrô-ôlgul-yôp-makki** (in einem großen, gegen den Uhrzeigersinn gerichteten Kreis)
18	Links auf der Stelle aufstampfen	**Juchum-sôgi**	Links **Dûng-jumôk-dangyô-tôk-chigi** nach **V** – **„Gihap“** (die rechte Hand greift nach **V**, schließt sich und wird mit dem Handrücken unter den linken Ellenbogen gebracht)
19	Beide Füße bleiben unbeweglich stehen	**Juchum-sôgi**	Rechts (schnell nachfolgend) **Dûng-jumôk-dangyô-tôk-chigi** nach **V**
20	Rechts linken Fuß vorne überkreuzen	Rechts **Ap-koa-sôgi**	**Monge-chigi** Blick nach **L**
21	Links nach **L** setzen	**Juchum-sôgi**	**Hechyô-santûl-makki** Blick nach **V**
22	Linken Fuß zum rechten Knie hochziehen	Rechts **Hakdari-sôgi**	Links **Kûmgang-makki**, dann links **Jagûn-dolchôgwi**
23	Links **Yôp-chagi** nach **L** und absetzen	Links **Ap-gubi**	Rechts **Palkup-pyojôk-chigi**
Gûman	Rechts heranziehen und **V** zudrehen	**Moa-sôgi**	**Gyôpson-junbi** nach **V**

Sipjin

Poomse Nr. 13

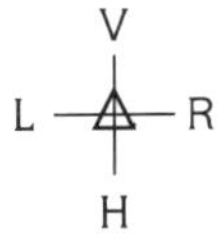

Nr.	Beinbewegung	Stellung	Armbewegung
Junbi		**Pyônhi-sôgi**	**Gibon-junbi**
1	Beide Füße bleiben unbeweglich stehen	**Pyônhi-sôgi**	**Hwangso-makki**, dann schnell **Bakkat-palmok-santûl-makki**, anschließend schnell zur nächsten Technik übergehen
2	Links nach **L** setzen	Rechts **Dwit-gubi**	Links **Batangson-gôdûro-momtong-makki**
3	Links nach **L** vorgleiten (langsam) und mit der rechten Handkante über den linken Handrücken streifen	Links **Ap-gubi**	Rechts **Pyônson-kût-ôpô-chirûgi**
4	Beide Füße bleiben unbeweglich stehen	Links **Ap-gubi**	Links/rechts **Momtong-dubôn-jirûgi**
5	Rechts nach **L** vorgehen	**Juchum-sôgi**	**Santûl-hechyô-makki** Blick nach **H**
6	Links vor dem rechten Fuß überkreuzen, dann rechts nach **L** setzen	**Juchum-sôgi**	Rechts **Yôp-jirûgi – „Gihap"**
7	Rechts nach **R** vorgehen	**Juchum-sôgi**	**Mônge-chigi**
8	Linken Fuß zum rechten zu **Moa-sôgi** heranziehen, dann rechts nach **R** vorgehen	Links **Dwit-gubi**	rechts **Batangson-gôdûrô-momtong-makki**
9	Rechts nach **R** vorgleiten (langsam) und mit der linken Handkante über den rechten Handrücken streifen	Rechts **Ap-gubi**	Links **Pyônson-kût-ôpô-chirûgi**
10	Beide Füße bleiben unbeweglich stehen	Rechts **Ap-gubi**	Rechts/links **Momtong-dubôn-jirûgi**
11	Links nach **R** vorgehen	**Juchum-sôgi**	**Santûl-hechyô-makki** Blick nach **H**
12	Rechts vor dem linken Fuß überkreuzen, dann links nach **R** setzen	**Juchum-sôgi**	Links **Yôp-jirûgi – „Gihap"**
13	Links nach **L** vorgehen	**Juchum-sôgi**	**Mônge-chigi**
14	Rechts nach **H** wenden	Links **Dwit-gubi**	Rechts **Batanson-gôdûrô-momtong-makki**

15	Rechts nach **H** vorgleiten (langsam), und mit der linken Handkante über den rechten Handrücken streifen	Rechts **Ap-gubi**	Links **Pyônson-kût-ôpô-chirûgi**
16	Beide Füße bleiben unbeweglich stehen	Rechts **Ap-gubi**	Rechts/links **Momtong-dubôn-jirûgi**
17	Links nach **H** vorgehen	Rechts **Dwit-gubi**	Links **Sonnal-arae-makki**
18	Rechts nach **H** vorgehen (langsam)	Rechts **Ap-gubi**	**Bawi-milgi** (langsam)
19	Rechts auf **V-H** Linie setzen	**Juchum-sôgi**	**Sonnaldûng-momtong-hechyô-makki**, Gesicht nach **R**
20	Beide Füße bleiben unbeweglich stehen	**Juchum-sôgi**	**Sonnal-arae-hechyô-makki** (langsam)
21	Füße bleiben auf der Stelle, Knie langsam strecken	**Juchum-sôgi** (hoch)	Hände langsam zu Fäusten ballen
22	Links nach **V** vorgehen (schnell)	Links **Ap-gubi**	Links **Dûrô-olligi** (schnell)
23	Beide Füße bleiben unbeweglich stehen	Links **Ap-gubi**	**Bawi-milgi** (langsam)
24	Mit rechtem **Jagûn-dolchôgwi** rechts **Ap-chagi** nach **V** und absetzen	Rechts **Ap-gubi**	Rechts **Chettari-jirûgi**
25	Mit linkem **Jagûn-dolchôgwi** links **Ap-chagi** nach **V** und absetzen	Links **Ap-gubi**	Links **Chettari-jirûgi**
26	Mit rechtem **Jagûn-dolchôgwi** rechts **Ap-chagi** nach **V** und vorspringen	Rechts **Koa-sôgi**	Rechts **Dûng-jumôk-gôdûrô-ape-chigi – „Gihap"**
27	Links nach **H** wenden (langsam)	Links **Ap-gubi**	**Bawi-milgi** (langsam)
28	Links etwas zurückziehen (schnell)	Links **Bôm-sôgi**	**Sonnal-ôtgôrô-arae-makki** (schnell)
29	Rechts nach **H** vorgehen	Links **Dwit-gubi**	Rechts **Sonnal-dûng-makki**
30	Links nach **H** vorgehen	Rechts **Dwit-gubi**	Links **Chettari-jirûgi**
31	Rechts nach **H** vorgehen	Links **Dwit-gubi**	Rechts **Chettari-jirûgi**
Gûman	Rechts zurückziehen und **V** zudrehen	**Pyônhi-sôgi**	**Gibon-junbi** nach **V**

Jitae

Poomse Nr. 14

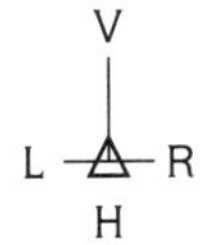

Nr.	Beinbewegung	Stellung	Armbewegung
Junbi		**Pyônhi-sôgi**	**Gibon-Junbi**
1	Links nach **L** setzen	Rechts **Dwit-gubi**	Links **Momtong-bakkat-makki**
2	Rechts nach **L** vorgehen	Rechts **Ap-gubi**	Rechts **Ôlgul-makki** (langsam), dann links **Momtong-baro-jirûgi** (langsam)
3	Rechts nach **R** wenden	Links **Dwit-gubi**	Rechts **Momtong-bakkat-makki**
4	Links nach **R** vorgehen	Links **Ap-gubi**	Links **Ôlgul-makki** (langsam), dann rechts **Momtong-baro-jirûgi** (langsam)
5	Links nach **V** setzen	Links **Ap-gubi**	Links **Arae-makki**
6	Links etwas zurückziehen	Rechts **Dwit-gubi**	Links **Hansonnal-ôlgul-makki**
7	Rechts **Ap-chagi** nach **V** und absetzen	Links **Dwit-gubi**	Rechts **Sonnal-arae-makki**
8	Beide Füße bleiben unbeweglich stehen	Links **Dwit-gubi**	Rechts **Bakkat-palmok-bakkat-makki** (langsam)
9	Links **Ap-chagi** nach **V** und absetzen	Rechts **Dwit-gubi**	Links **Sonnal-arae-makki**
10	Links etwas vorgleiten	Links **Ap-gubi**	Links **Ôlgul-makki** (langsam)
11	Rechts nach **V** vorgehen	Rechts **Ap-gubi**	Rechts **Kûmgang-ap-jirûgi**
12	Die Füße bleiben unbeweglich stehen	Rechts **Ap-gubi**	Links, dann rechts **Momtong-an-makki**
13	Rechts nach **H** zurückgehen	Rechts **Dwit-gubi**	Links **Hansonnal-arae-makki**
14	Rechts **Ap-chagi** nach **V**, zurücksetzen nach **H**	Links **Ap-gubi**	Rechts/links **Momtong-dubôn-jirûgi**

15	Links nach **H** zurückgehen	**Juchum-sôgi**	**Hwangso-makki** Blick nach **L**
16	Beide Füße bleiben unbeweglich stehen	**Juchum-sôgi**	Links **Arae-yôp-makki** nach **H**
17	Beide Füße bleiben unbeweglich stehen	**Juchum-sôgi**	Rechts **Hansonnal-momtong-yôp-makki** nach **V**
18	Beide Füße bleiben unbeweglich stehen	**Juchum-sôgi**	Links **Me-jumôk-pyojôk-chigi** nach **V** – „**Gihap**"
19	Rechten Fuß zum linken Knie hochziehen	Links **Hakdari-sôgi**	Rechts **Arae-yôp-makki** nach **V**
20	Stehen bleiben	Links **Hakdari-sôgi**	Rechts **Jagûn-dolchôgwi** Blick nach **V**
21	Rechts **Yôp-chagi** nach **V** und auf den rechten Fuß umspringen (nach **V**)	Rechts **Hakdari-sôgi**	Links **Arae-yôp-makki** nach **H**
22	Stehen bleiben	Rechts **Hakdari-sôgi**	Links **Jagûn-dolchôgwi** Blick nach **H**
23	Links **Yôp-chagi** nach **H** und absetzen	Links **Ap-gubi**	Rechts **Momtong-baro-jirûgi**
24	Rechts nach **H** vorgehen	Rechts **Ap-gubi**	Rechts **Momtong-bandae-jirûgi** – „**Gihap**"
25	Links nach **L** wenden	Rechts **Dwit-gubi**	Links **Sonnal-arae-makki**
26	Rechts nach **L** vorgehen	Links **Dwit-gubi**	Rechts **Sonnal-momtong-makki**
27	Rechts nach **R** wenden	Links **Dwit-gubi**	Rechts **Sonnal-arae-makki**
28	Links nach **R** vorgehen	Rechts **Dwit-gubi**	Links **Sonnal-momtong-makki**
Gûman	Links nach **L** zurückziehen	**Pyônhi-sôgi**	**Gibon-junbi** nach **V**

Chôngwôn

Poomse Nr. 15

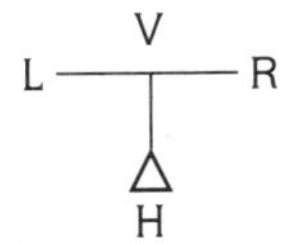

Nr.	Beinbewegung	Stellung	Armbewegung
Junbi		**Moa-sôgi**	**Gyôpson-junbi**
1	Unverändert	**Moa-sôgi**	**Nalgae-pyôgi** (langsam) (Arme heben: einatmen; Arme strekken: ausatmen)
2	Unverändert,	**Moa-sôgi**	**Sonnal-hwangso-makki** (Arme nach unten kreisförmig senken, dann nach oben stoßen)
	dann links stampfend nach **H** zurücksetzen	Rechts **Bôm-sôgi**	**Sosûm-jirûgi** (aufwärts)
3	Füße und Körper nach rechts drehen	Rechts **Ap-gubi**	Links **Hansonnal-momtong-jebipum-makki** nach **V**
4	Links nach **V** vorgehen (langsam), zugleich Greifbewegung mit der linken Hand und zur Hüfte ziehen	Links **Ap-gubi**	Rechts **Momtong-baro-jirûgi** (langsam)
5	Füße und Körper nach links drehen, rechten Fuß nachziehen	Links **Ap-gubi**	Rechts **Hansonnal-jebipum-momtong-makki** nach **V**
6	Rechts nach **V** vorgehen (langsam), zugleich Greifbewegung mit der rechten Hand und zur Hüfte ziehen	Rechts **Ap-gubi**	Links **Momtong-baro-jirûgi** (langsam)
7	Füße und Körper nach rechts drehen, linken Fuß nachziehen	Rechts **Ap-gubi**	Links **Hansonnal-jebipum-momtong-makki** nach **V**
8	Mit der linken Hand greifen, sie schließen und zur Brust ziehen – gleichzeitig links **Yôp-chagi** nach **V** und absetzen – **„Gihap“**	Links **Ap-gubi**	Links **Arae-makki**
9	Rechts nach **V** vorgehen	Rechts **Ap-gubi**	Rechts **Momtong-bandae-jirûgi**
10	Links nach **R** wenden	Rechts **Dwit-gubi**	Links **Gôdûrô-momtong-yôp-makki**
11	Beide Füße bleiben unbeweglich stehen	Rechts **Dwit-gubi**	Links **Bakkat-palmok-gôdûrô-ôlgul-yôp-makki** dann **Momtong-bandae-jirûgi**
12	Rechts nach **R** vorgehen – zugleich mit linkem Unterarm und offener Hand in Gesichtshöhe Auswärtsabfangbewegung, greifen und Faust zur Hüfte ziehen	Links **Dwit-gubi**	Rechts **Momtong-bandae-jirûgi**

13	Rechts nach **L** wenden	Links **Dwit-gubi**	Rechts **Gôdûrô-momtong-yôp-makki**
14	Beide Füße bleiben unbeweglich stehen	Links **Dwit-gubi**	Rechts **Bakkat-palmok-gô-dûrô-ôlgul-yôp-makki**, dann **Momtong-bandae-jirûgi**
15	Links nach **L** gehen – zugleich mit rechtem Unterarm und offener Hand in Gesichtshöhe Auswärtsabfangbewegung, greifen und Faust zur Hüfte ziehen	Rechts **Dwit-gubi**	Links **Momtong-bandae-jirûgi**
16	Links nach **H** setzen	Links **Ap-gubi**	Rechts **Momtong-bitûrô-makki**
17	Beide Füße bleiben unbeweglich stehen	Links **Ap-gubi**	Links **Momtong-bandae-jirûgi**
18	Rechts **Ap-chagi** nach **H** und absetzen	Rechts **Ap-gubi**	Rechts **Momtong-bandae-jirûgi**
19	Rechts etwas zurückziehen	Links **Dwit-gubi**	Rechts **Sonnal-arae-makki**
20	Rechts nach **H** vorgleiten und links nachziehen	Links **Dwit-gubi**	Rechts **Gôdûrô-momtong-makki** (schnell) (Unterarm schlägt gegen die linke Handfläche)
21	Rechts nach **H** vorgleiten und links nachziehen	Links **Dwit-gubi**	Rechts **Bakkat-palmok-gô-dûrô-arae-makki** (schnell)
22	Rechts nach innen drehen	**Juchum-sôgi**	Rechts **Kûmgang-yôp-jirûgi** nach **H**
23	Rechts aufstampfen und abspringen, dabei linksherum drehen und nach **H Twiô-pyo-jôk-chagi** rechts und absetzen	**Juchum-sôgi** nach **L**	Rechts **Kûmgang-yôp-jirûgi** nach **H**
24	Links nach außen drehen	Rechts **Dwit-gubi**	Links **Sonnal-oesantûl-makki** (langsam)
25	Links nach innen und rechts nach außen drehen	Links **Dwit-gubi**	Rechts **Sonnal-oesantûl-makki** (langsam)
26	Linken Fuß zum Rechten ziehen und nach **V** drehen,	**Moa-sôgi**	**Gyôpson-junbi** (langsam), dann **Sonnal-hwangso-makki** (langsam)
	dann rechts nach **V** setzen (langsam)	Rechts **Bôm-sôgi**	Rechts **Taesan-milgi** (langsam)
27	Rechts zurückziehen	**Moa-sôgi**	**Gyôpson-junbi** (langsam), dann **Sonnal-hwangso-makki** (langsam)
	dann links nach **V** setzen (langsam)	Links **Bôm-sôgi**	Links **Taesan-milgi** (langsam)
Gûman	Links zurückziehen	**Moa-sôgi**	**Gyôpson-junbi** nach **V**

Hansu

Poomse Nr. 16

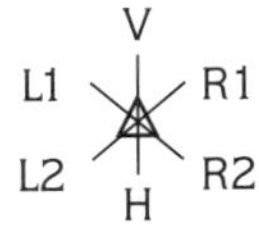

Nr.	Beinbewegung	Stellung	Armbewegung
Junbi		**Moa-sôgi**	**Gyôpson-junbi**
1	Links nach **V** vorgehen	Links **Ap-gubi**	**Sonnaldûng-momtong-hechyô-makki**
2	Rechts nach **V** vorgehen	Rechts **Ap-gubi**	**Du-mejumok-yôpguri-chigi**
3	Rechts nach **H** zurückgehen	Rechts **Ap-gubi**	Links **Oesantûl-makki** Blick nach **V**
4	Auf den Fußballen nach **V** drehen	Links **Ap-gubi**	Rechts **Momtong-baro-jirûgi**
5	Links nach **H** zurücksetzen	Links **Ap-gubi**	Rechts **Oesantûl-makki** Blick nach **V**
6	Auf den Fußballen nach **V** drehen	Rechts **Ap-gubi**	Links **Momtong-baro-jirûgi**
7	Rechts nach **H** zurücksetzen	Rechts **Ap-gubi**	Links **Oesantûl-makki** Blick nach **V**
8	Auf den Fußballen nach **V** drehen	Links **Ap-gubi**	Rechts **Momtong-baro-jirûgi**
9	Rechts nach **V** vorgehen	Rechts **Ap-gubi**	**Sonnaldûng-momtong-hechyô-makki**
10	Links nach **L1** vorgehen	Links **Ap-gubi**	Links **Kaljaebi** (rechter Handrükken unter linkem Ellenbogen)
11	Rechts nach **L1** vorspringen	Rechts **Gyôtdari-sôgi**	**Du-jumôk-jechyô-jirûgi**
12	Links nach **R2** zurücksetzen	**Juchum-sôgi**	Rechts **An-palmok-pyojôg-arae-makki** (links Fingerspitzen oben)
13	Rechts nach **R2** zurücksetzen	Rechts **Dwit-gubi**	Links **Sonnal-kûmgang-makki**
14	Linken Fuß zum rechten Knie hochziehen und drehen, bis die linke Schulter nach **L2** weist	Rechts **Hakdari-sôgi**	Links **Jagûn-dolchôgwi** Blick nach **L2**

15	Links **Yôp-chagi** nach **L2** und absetzen	Links **Ap-gubi**	Rechts **Jebipum-mokchigi**
16	Rechts **Ap-chagi** nach **L2** und vorspringen	Rechts **Koa-sôgi**	Rechts **Dûng-jumôk-ape-chigi** nach **L2** – „**Gihap**"
17	Links nach **R1** zurücksetzen	**Juchum-sôgi**	Links **Sonnal-yôp-chigi** nach **R1**
18	Rechts **Pyojôk-chagi** nach **R1** und absetzen	**Juchum-sôgi**	Rechts **Palkup-pyojôk-chigi** Blick nach **L1**
19	Linken Fuß zum rechten zu **Moa-sôgi** heranziehen, dann rechts nach **R1** vorgehen	Rechts **Ap-gubi**	Rechts **Kaljaebi** (linker Handrük-ken unter rechtem Ellenbogen)
20	Links nach **R1** vorspringen	Links **Gyôtdari-sôgi**	**Du-jumôk-jechyô-jirûgi**
21	Rechts nach **L2** zurücksetzen	**Juchum-sôgi**	Links **An-palmok-pyojôk-arae-makki** (rechts Fingerspitzen oben)
22	Links nach **L2** zurückgehen	Links **Dwit-gubi**	Rechts **Sonnal-kûmgang-makki**
23	Rechten Fuß zum linken Knie hochziehen und drehen, bis die rechte Schulter nach **R2** weist	Links **Hakdari-sôgi**	Rechts **Jagûn-dolchôgwi** Blick nach **R2**
24	Rechts **Yôp-chagi** nach **R2** und absetzen	Rechts **Ap-gubi**	Links **Jebipum-mokchigi**
25	Links **Ap-chagi** nach **R2** und vorspringen	Links **Koa-sôgi**	Links **Dûng-jumôk-ape-chigi** nach **R2** – „**Gihap**"
26	Rechts nach **L1** zurücksetzen	**Juchum-sôgi**	Rechts **Sonnal-yôp-chigi** nach **L1**
27	Links **Pyojôk-chagi** nach **L1** und absetzen	**Juchum-sôgi**	Links **Palkup-pyojôk-chigi** Blick nach **R1**
Gûman	Rechts heranziehen und **V** zudrehen	**Moa-sôgi**	**Gyôpson-junbi** nach **V**

Ilyô Poomse Nr. 17

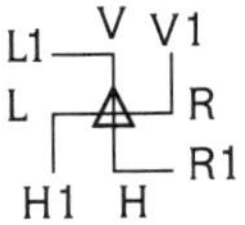

Nr.	Beinbewegung	Stellung	Armbewegung
Junbi		**Moa-sôgi**	**Bo-jumôk-junbi**
1	Links nach **V** vorgehen (schnell)	Rechts **Dwit-gubi**	Links **Sonnal-makki**
2	Rechts nach **V** vorgehen (schnell)	Rechts **Ap-gubi**	Rechts **Momtong-bandae-jirûgi**
3	Links nach **L1** setzen	Rechts **Dwit-gubi**	Links **Kûmgang-makki** (langsam)
4	Links nach **H** setzen (schnell)	Rechts **Dwit-gubi**	Links **Sonnal-makki**
5	Beide Füße bleiben unbeweglich stehen	Rechts **Dwit-gubi**	Rechts **Momtong-baro-jirûgi**
6	Rechts nach **H** vorspringen	Rechts **Ogûm-sôgi**	Rechts **Pyônson-kût-momtong-sewô-chirûgi – „Gihap"**
7	Ganzen Körper anspannen und langsam auf dem rechten Fuß die linke Seite **H** zudrehen, dann links **Yôp-chagi** nach **H**	Rechts **Oedari-sôgi**	Links **Oesantûl-makki**
8	Links nach **H** absetzen (schnell)	Rechts **Dwit-gubi**	**Ôtgôrô-ôlgul-makki** (schnell)
9	Hände öffnen, gegeneinander verdrehen und die rechte Faust zur Hüfte ziehen (langsam), dann rechts nach **H** vorgehen	Rechts **Ap-gubi**	Rechts **Momtong-bandae-jirûgi**
10	Links nach **R1** setzen	Rechts **Dwit-gubi**	Links **Kûmgang-makki** (langsam)
11	Links nach **V** setzen (schnell)	Rechts **Dwit-gubi**	Links **Sonnal-makki**
12	Beide Füße bleiben unbeweglich stehen	Rechts **Dwit-gubi**	Rechts **Momtong-baro-jirûgi**
13	Rechts nach **V** vorspringen	Rechts **Ogûm-sôgi**	Rechts **Pyônson-kût-momtong-sewô-chirûgi – „Gihap"**

14	Ganzen Körper anspannen und langsam den Kopf nach **L** drehen, dann links **Yôp-chagi** nach **L**	Rechts **Oedari-sôgi**	Links **Oesantûl-makki**
15	Links nach **L** absetzen (schnell)	Rechts **Dwit-gubi**	**Ôtgôrô-ôlgul-makki** (schnell)
16	Hände öffnen, gegeneinander verdrehen und die rechte Faust zur Hüfte ziehen (langsam), dann rechts nach **L** vorgehen	Rechts **Ap-gubi**	Rechts **Momtong-baro-jirûgi**
17	Links nach **H1** setzen	Rechts **Dwit-gubi**	Links **Kûmgang-makki** (langsam)
18	Links zum rechten Fuß zurückziehen und linksherum drehen (langsam)	**Moa-sôgi** nach **R**	**Du-jumôk-hôri-sôgi** (langsam) (beide Fäuste an den Hüften)
19	Links **Ap-chagi** nach **R**, dann stampfend aufsetzen und abspringen zu rechts **Twiô-yôp-chagi** nach **R**	Links **Dwit-gubi**	**Ôtgôrô-ôlgul-makki** (schnell)
20	Hände öffnen, gegeneinander verdrehen und die linke Faust zur Hüfte ziehen (langsam) dann links nach **R** vorgehen	Links **Ap-gubi**	Links **Momtong-baro-jirûgi**
21	Rechts nach **V1** wenden	Links **Dwit-gubi**	Rechts **Kûmgang-makki** (langsam)
22	Rechten Fuß zum linken ziehen (langsam)	**Moa-sôgi** nach **L**	**Du-jumôk-hôri-sôgi** (langsam) (beide Fäuste an den Hüften)
23	Rechts **Ap-chagi** nach **L**, dann stampfend aufsetzen und abspringen zu links **Twiô-yôp-chagi** nach **L**	Rechts **Dwit-gubi**	**Ôtgôrô-ôlgul-makki** (schnell)
Gûman	Links heranziehen	**Moa-sôgi**	**Bo-jumôk-junbi** nach **V**

UNSER TIP

Judo
Grundlagen, Methodik,
(**0305**-6) Von M. Ohgo,
208 S., 1025 Fotos, kartoniert,
DM 14,80, S 119,–

BO-Karate
Techniken des Stockkampfes,
(**0447**-8) Von G. Stiebler,
176 S., 424 s/w-Fotos,
38 Zeichnungen, kartoniert,
DM 16,80, S 139,–

Aikido
(**0537**-7) Von R. Brand,
280 S., 697 Abb., kartoniert,
DM 19,80, S 159,–

Karate
Grundlagen,
(**2308**-1) Von A. Pflüger,
96 S., 134 Farbfotos,
4 s/w-Zeichnungen, kartoniert,
DM 14,80, S 119,-

Hap-Ki-Do
Koreanische
Selbstverteidigung,
(**0379**-X) Von Kim Sou Bong,
152 S., 153 Abb., kartoniert,
DM 19,80, S 159,–

Dynamische Tritte
(**0438**-9) Von Ch. Lee,
96 S., 398 s/w-Fotos,
10 Zeichnungen, kartoniert,
DM 12,80, S 109,–

FALKEN

Der Spezialist für nützliche Bücher.

Falls durch besondere Umstände Preisänderungen notwendig werden, erfolgt Auftragserledigung zu dem bei der Lieferung gültigen Preis.

Taegûk il-Jang

Nr. 1

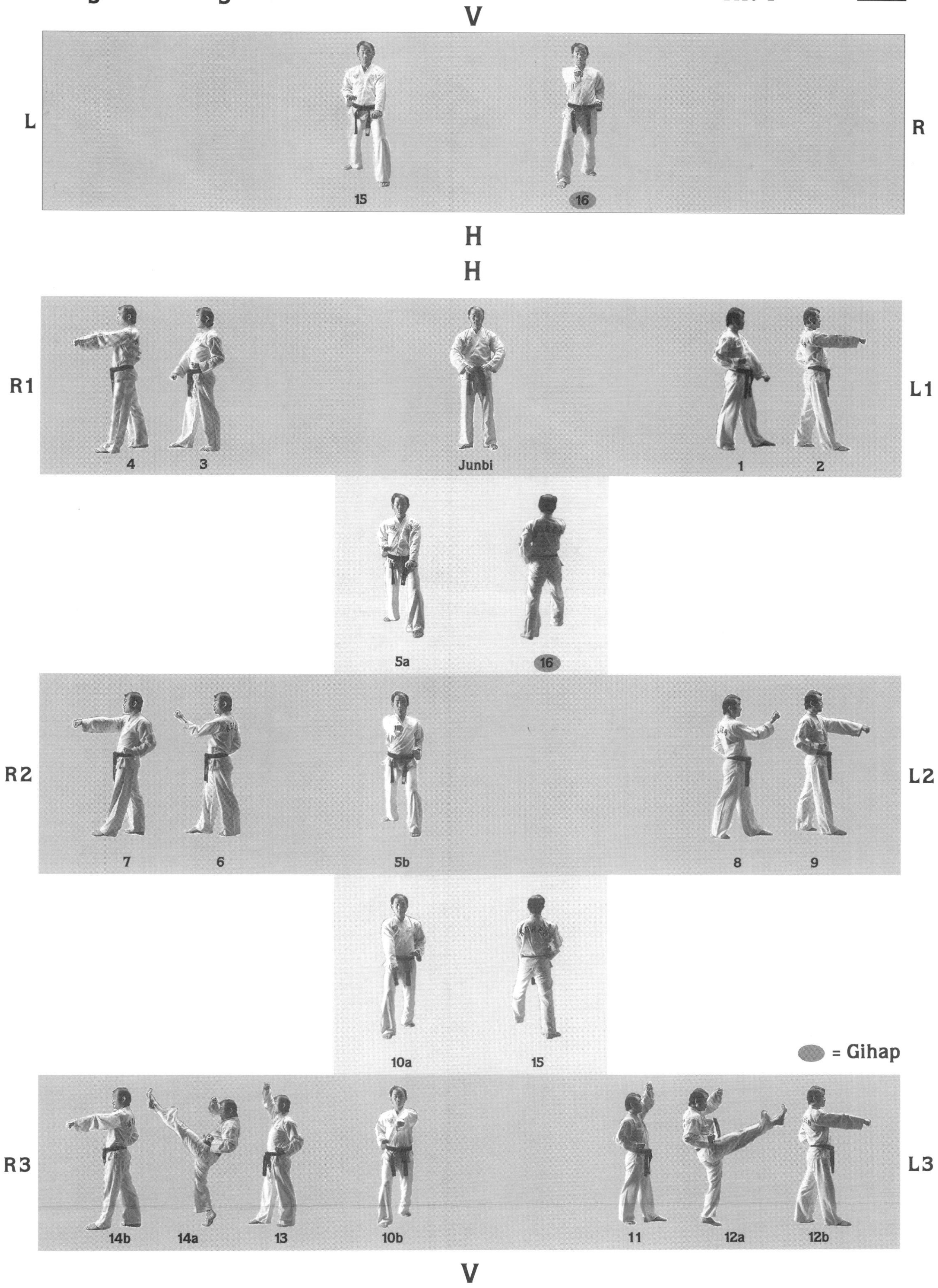

Taegûk i-Jang

Nr. 2

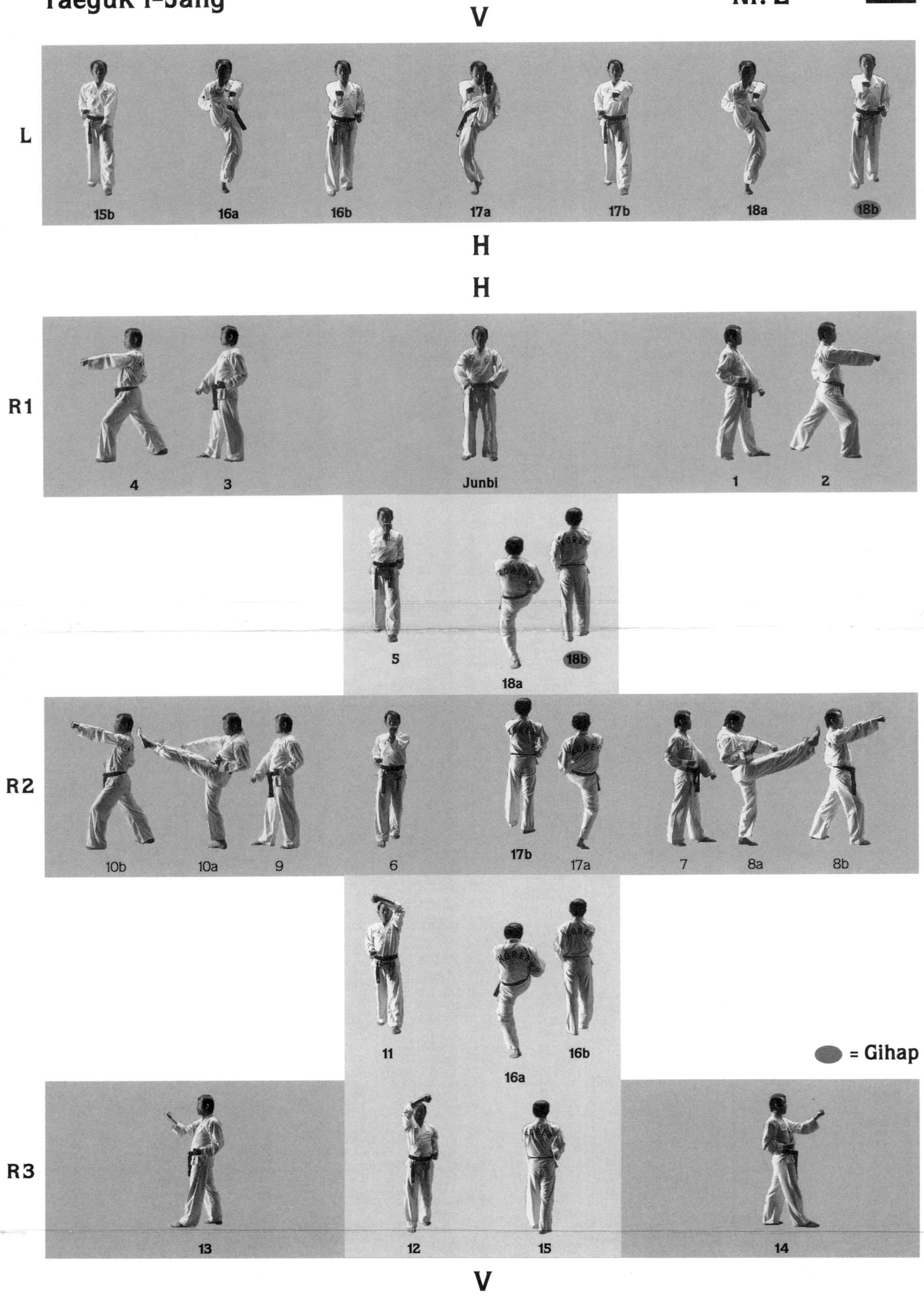

Taegûk Sam-Jang

Nr. 3

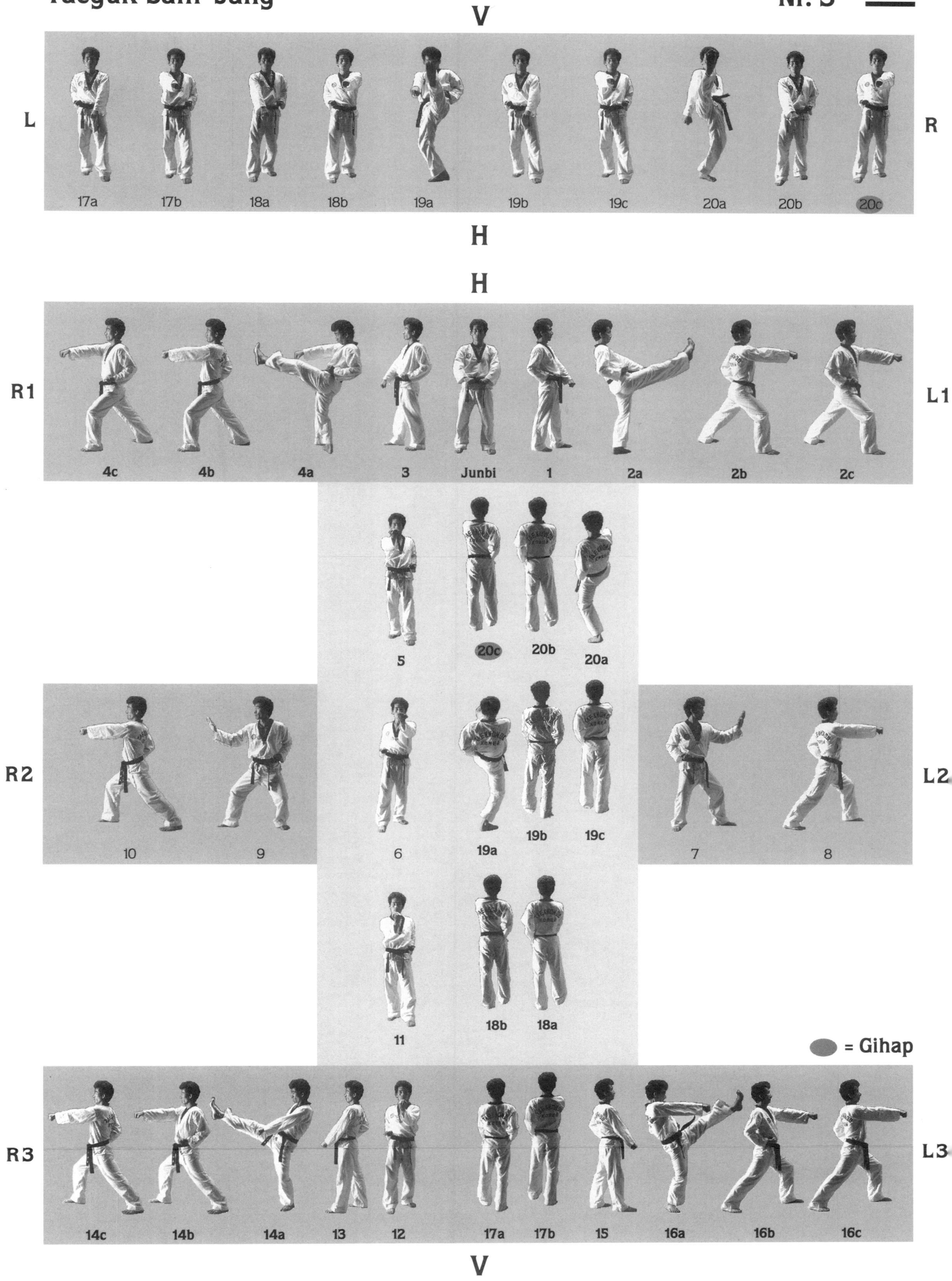

Taegûk Sa-Jang

Nr. 4

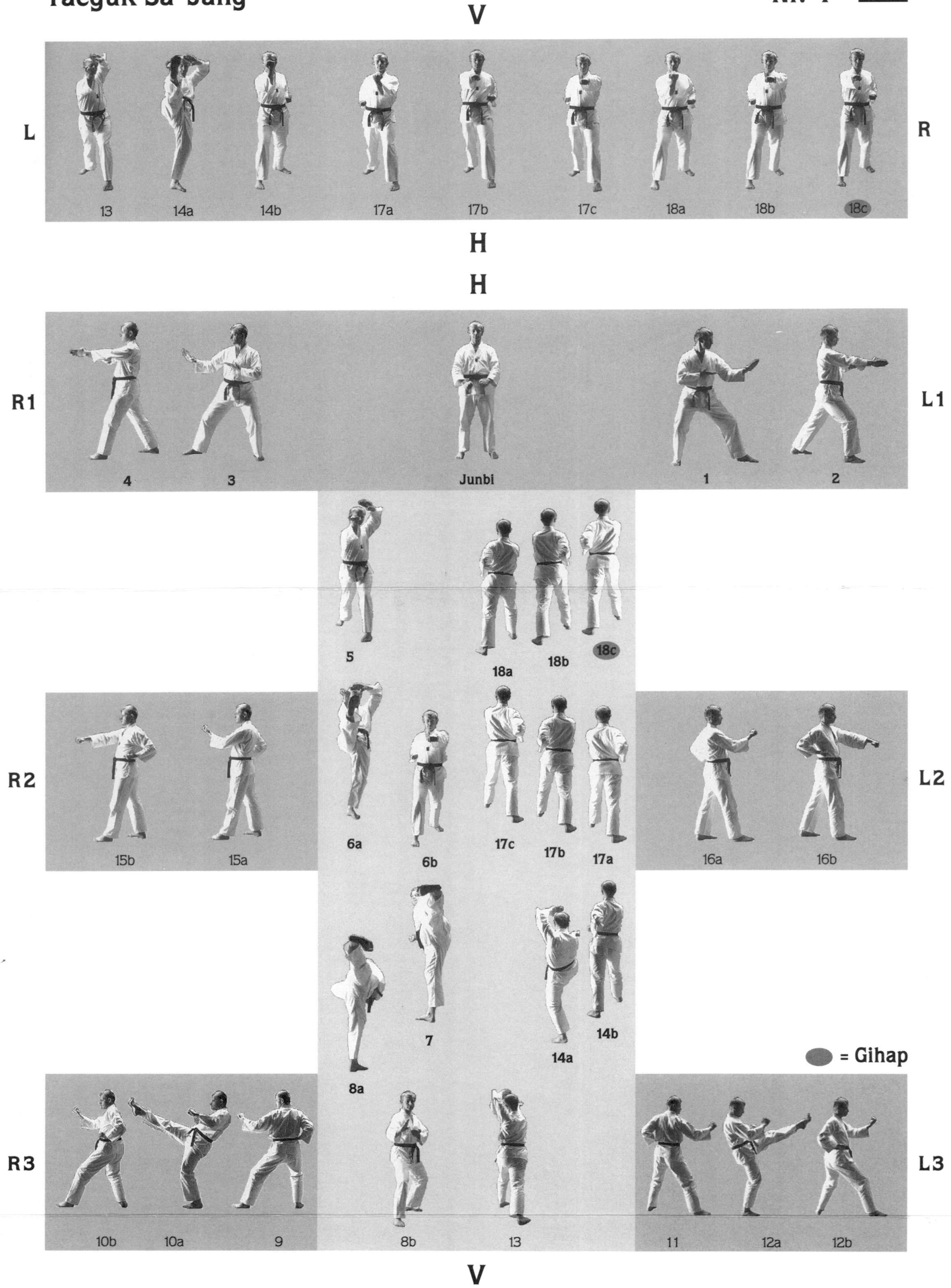

Taegûk Oh-Jang

Nr. 5

Taegûk Yuk-Jang

Nr. 6

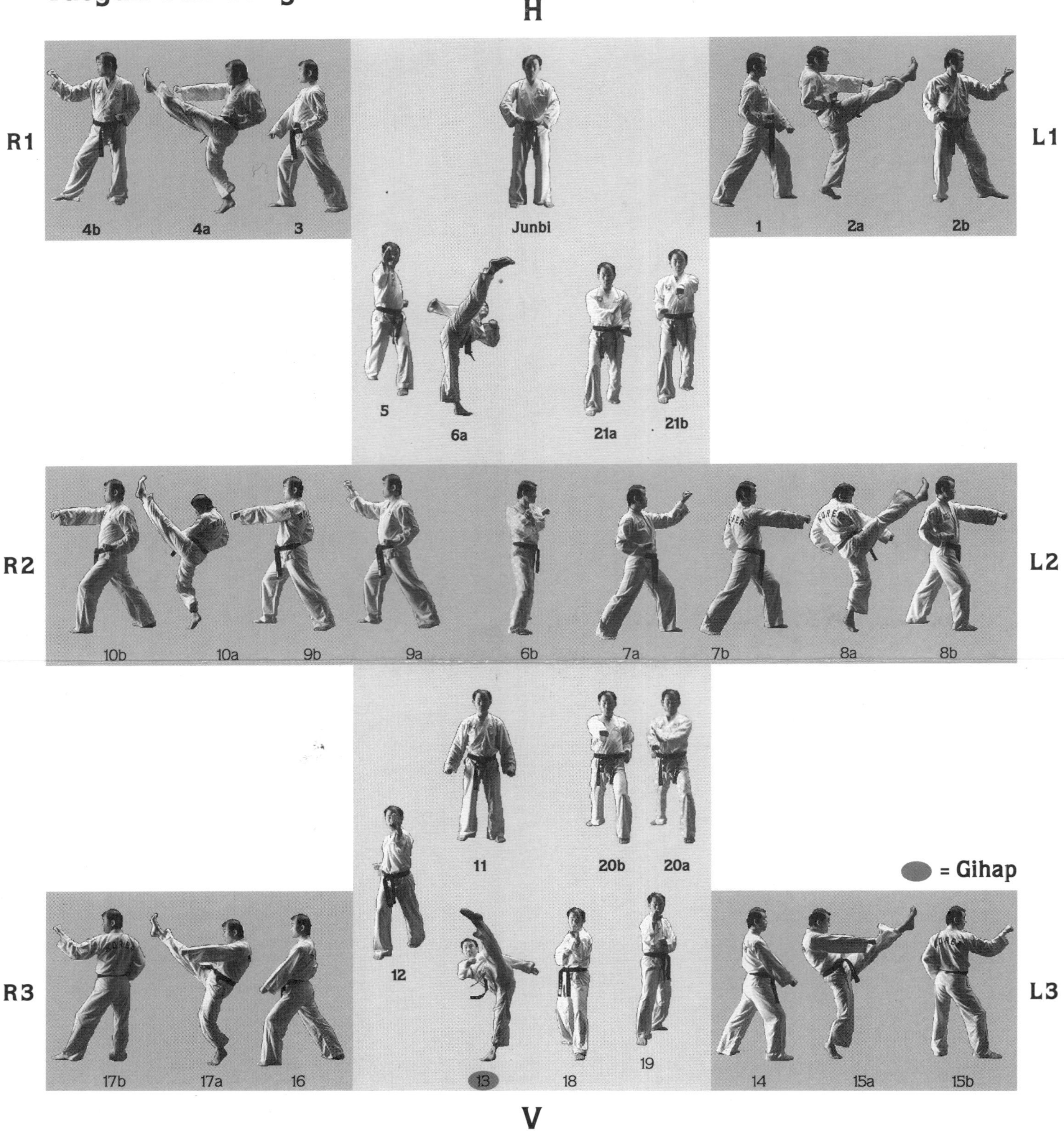

Taegûk Chil-Jang

Nr. 7

Taegûk Pal-Jang

Nr. 8

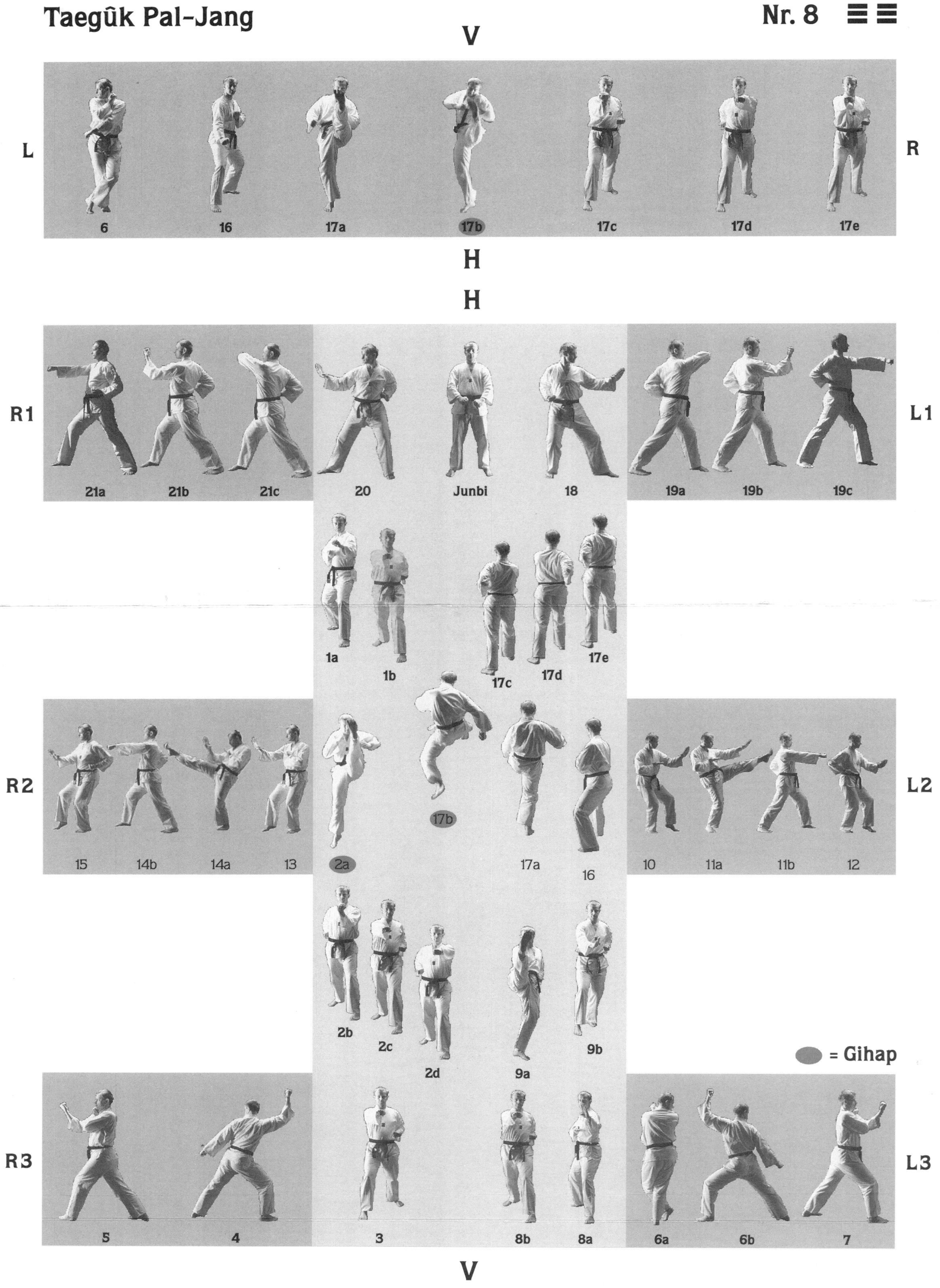

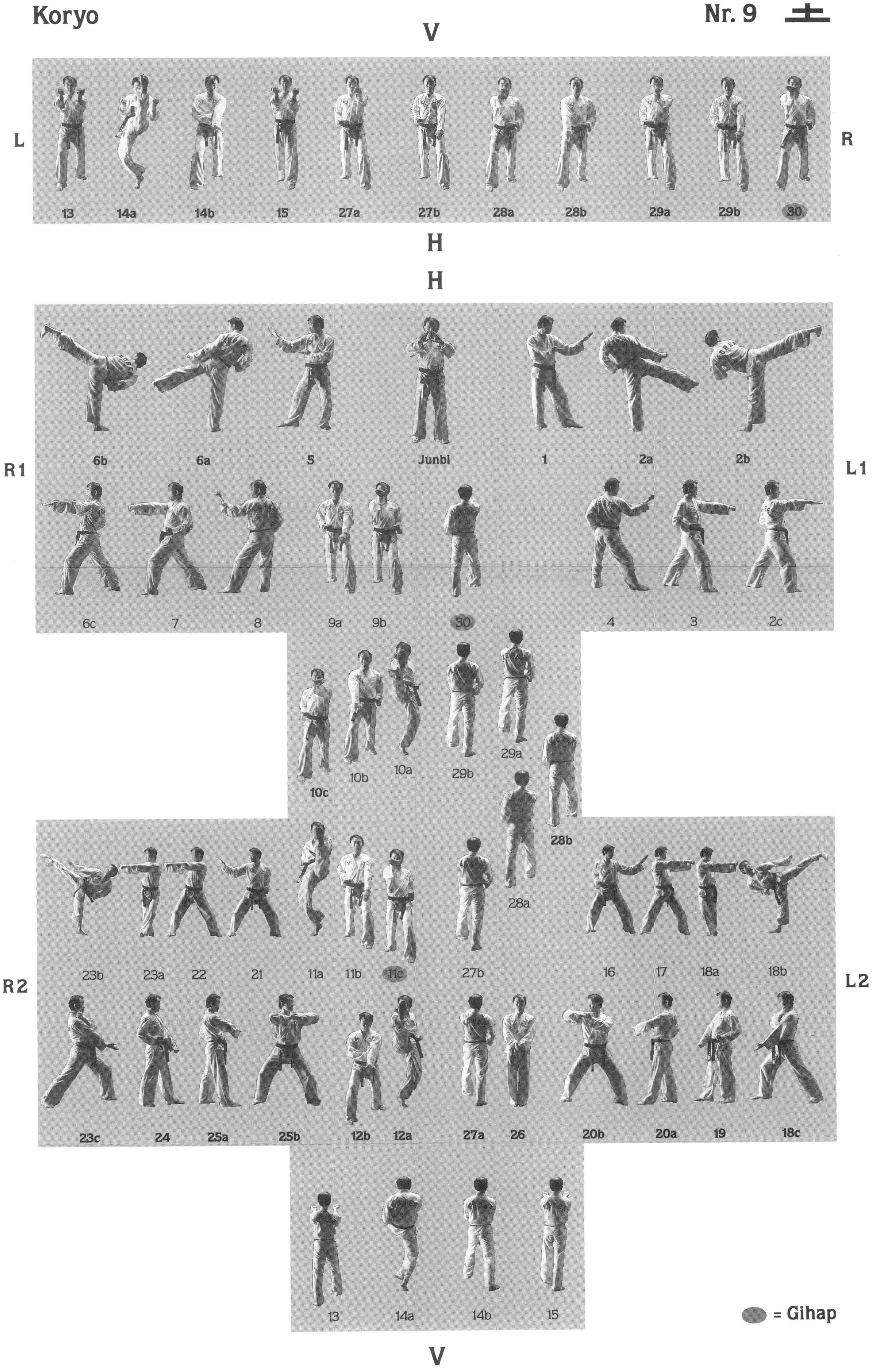
V
L
R
13 14a 14b 15 27a 27b 28a 28b 29a 29b 30
H
H
R1
L1
6b 6a 5 Junbi 1 2a 2b
6c 7 8 9a 9b 30 4 3 2c
10c 10b 10a 29b 29a 28b 28a
R2
L2
23b 23a 22 21 11a 11b 11c 27b 16 17 18a 18b
23c 24 25a 25b 12b 12a 27a 26 20b 20a 19 18c
13 14a 14b 15
V
= Gihap

Kûmgang

Nr. 10

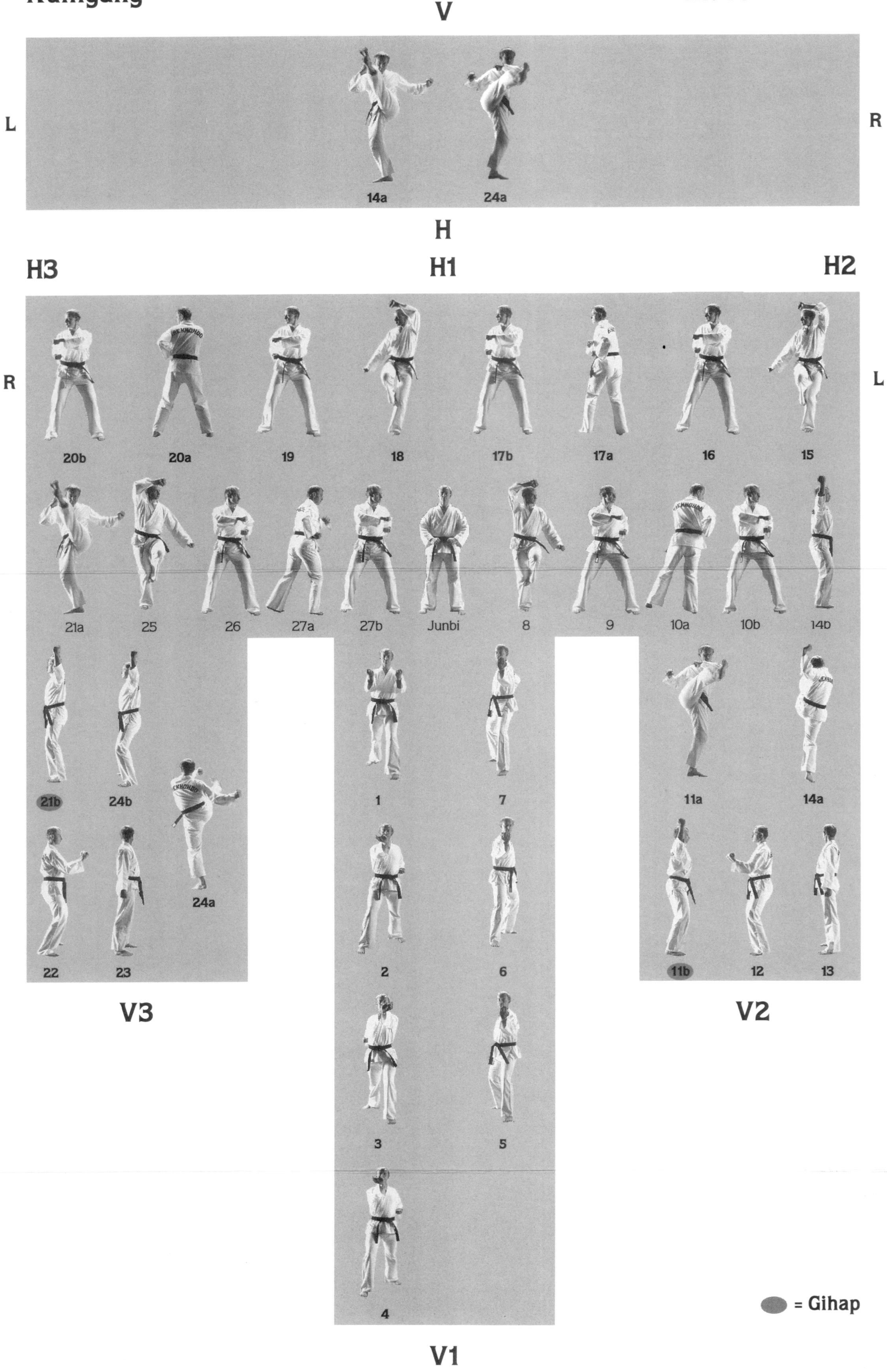

Taebaek

Nr. 11

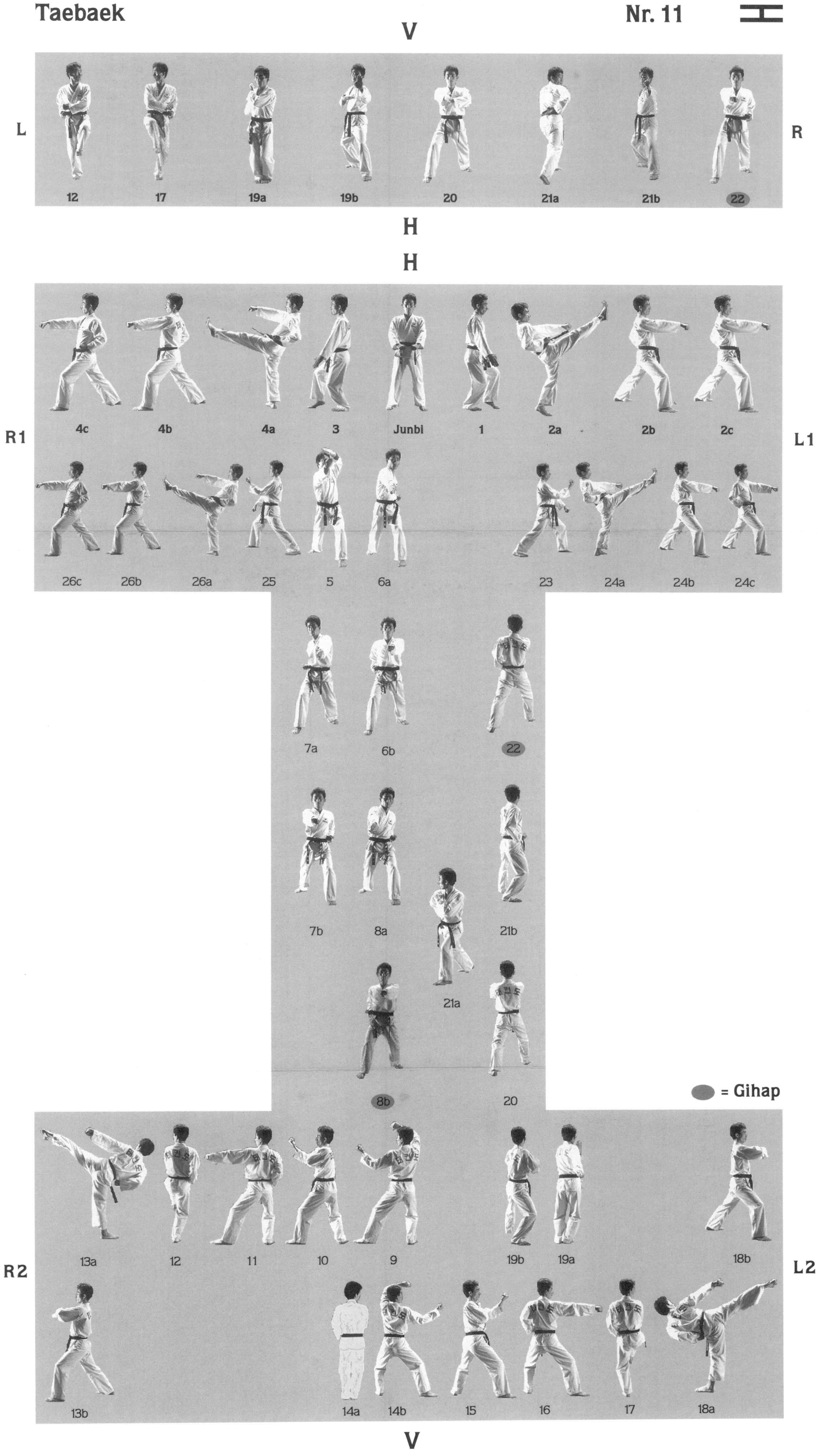

Pyongwon

Nr. 12

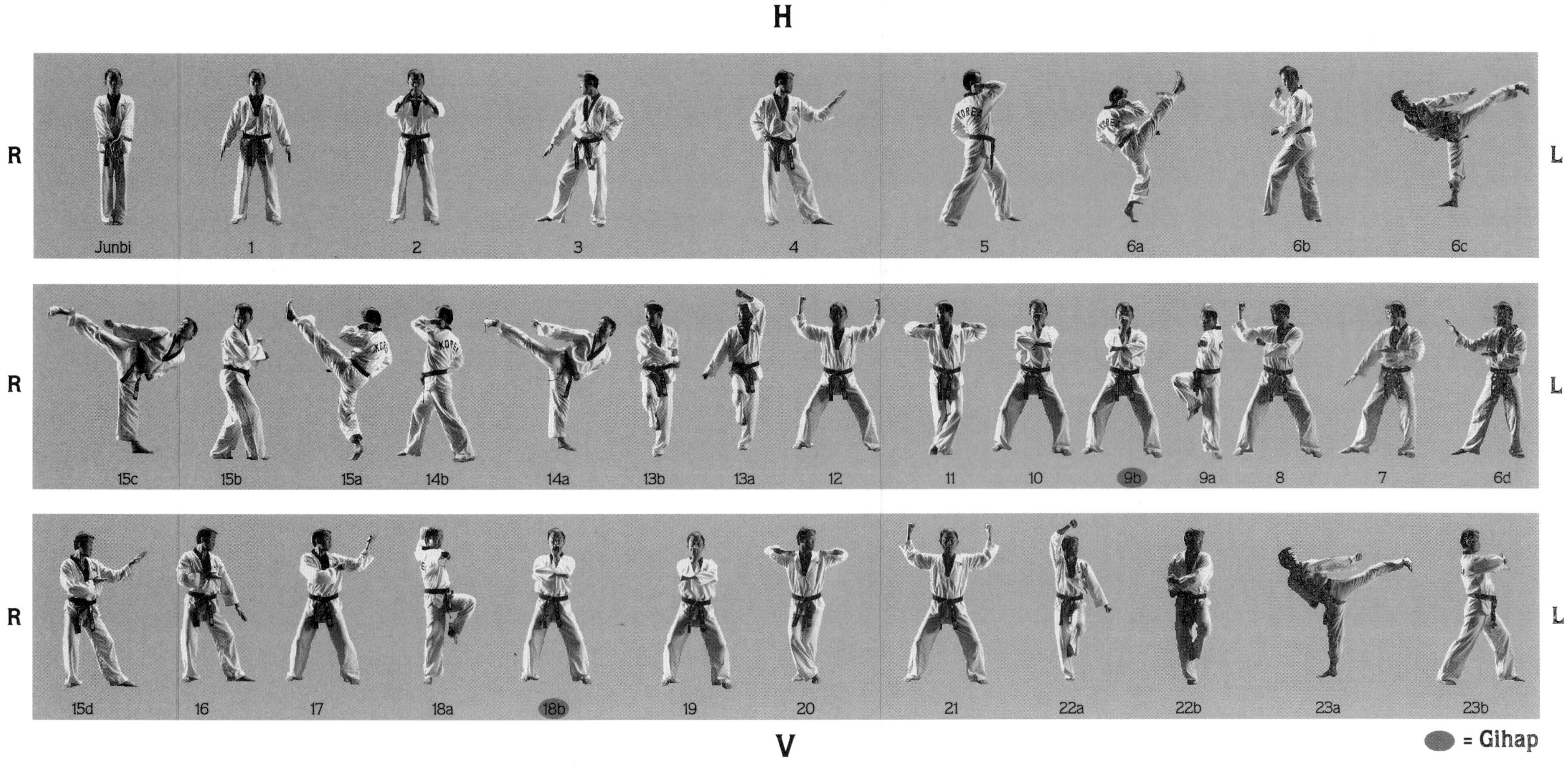

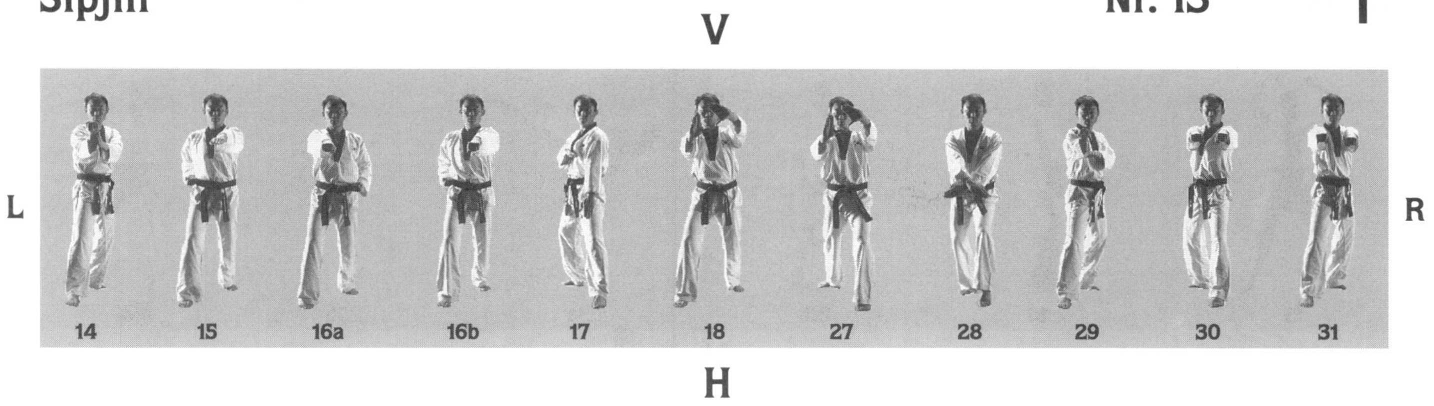
V
L
R
14
15
16a
16b
17
18
27
28
29
30
31
H

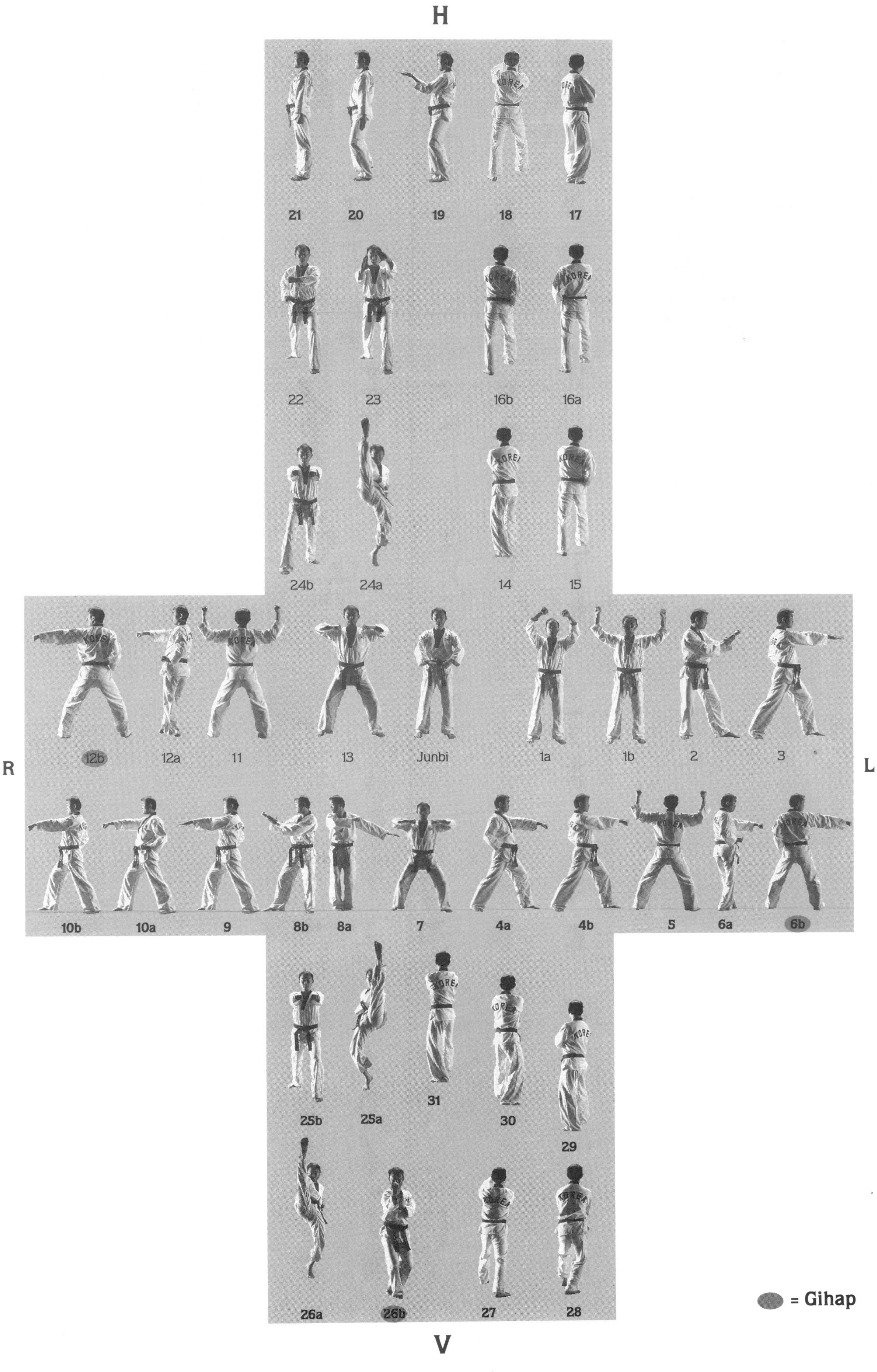
H
21
20
19
18
17
22
23
16b
16a
24b
24a
14
15
R
12b
12a
11
13
Junbi
1a
1b
2
3
L
10b
10a
9
8b
8a
7
4a
4b
5
6a
6b
25b
25a
31
30
29
26a
26b
27
28
= Gihap
V

V
L
15
16
21b
23a
23b
24
R
H
H
4b
4a
3
Junbi
1
2a
2b
R
L
28
27
6
5
24
25
26
7a
7b
8
23b
23a
10
9b
9a
22
11
21b
21a
12a
18
19
20
12b
17
16
15
13
14a
14b
14c
V

= Gihap

Chongwon

Nr. 15

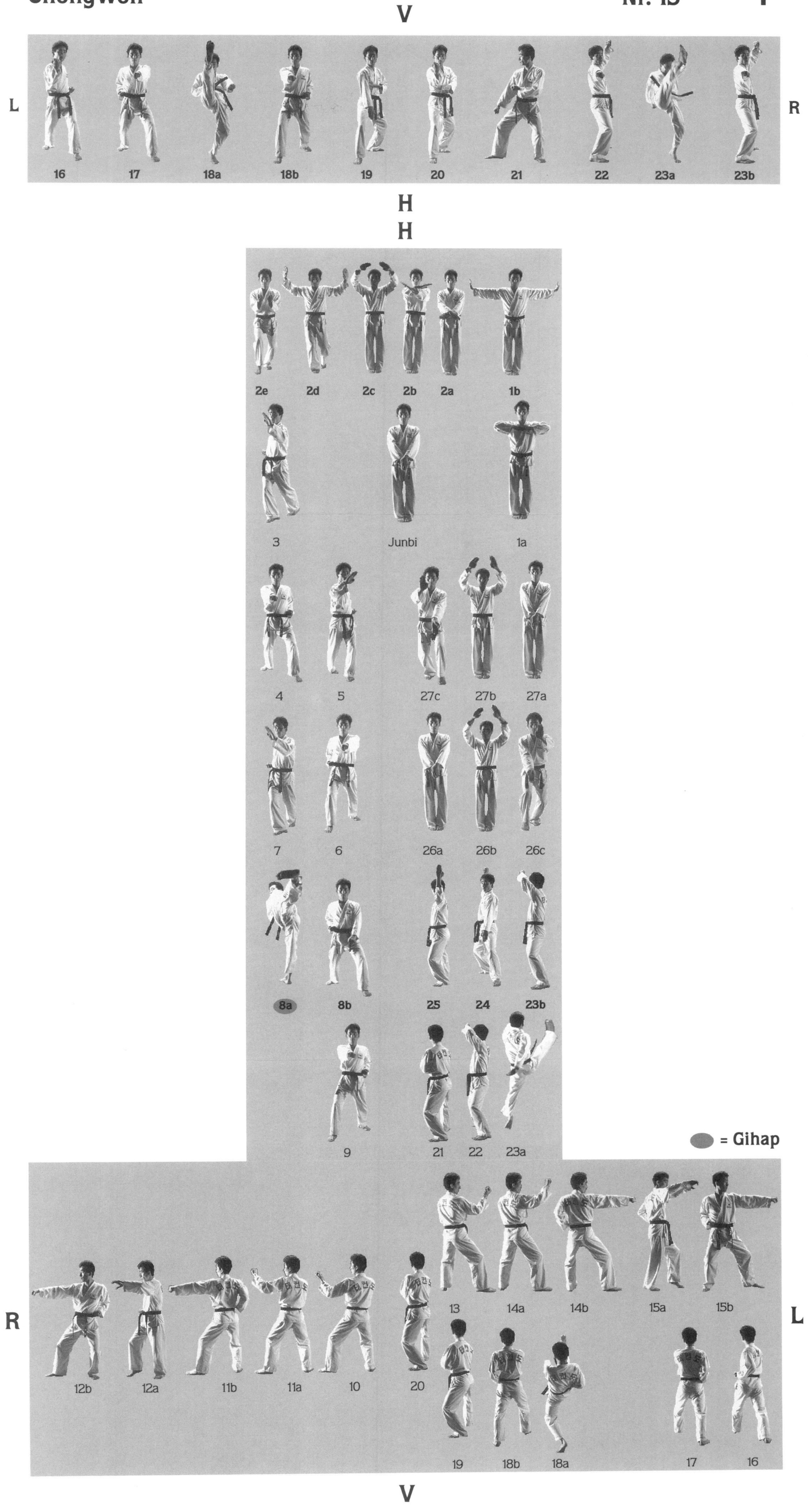

Hansu

Nr. 16

*

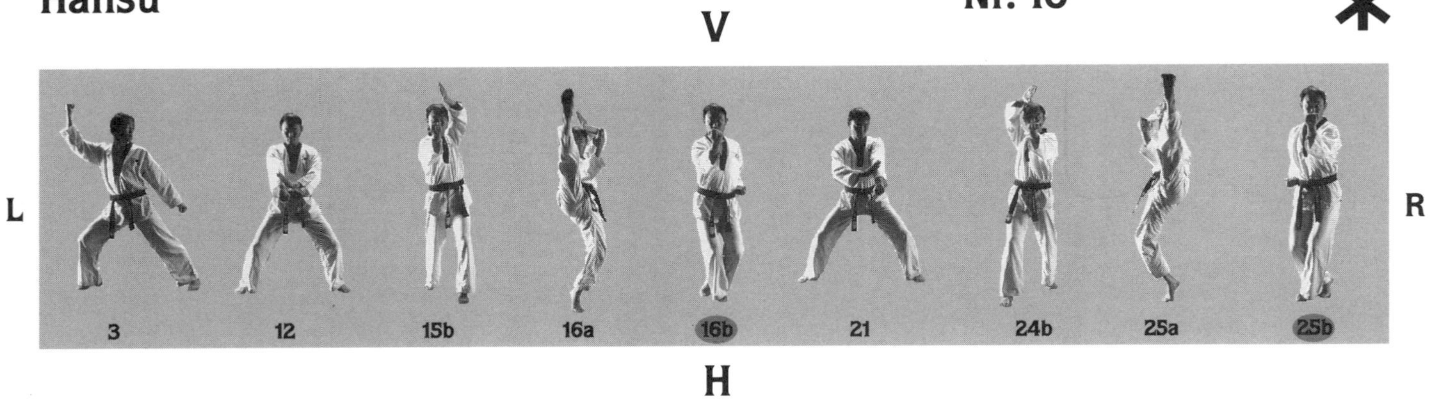
V
L
R
3
12
15b
16a
16b
21
24b
25a
25b
H

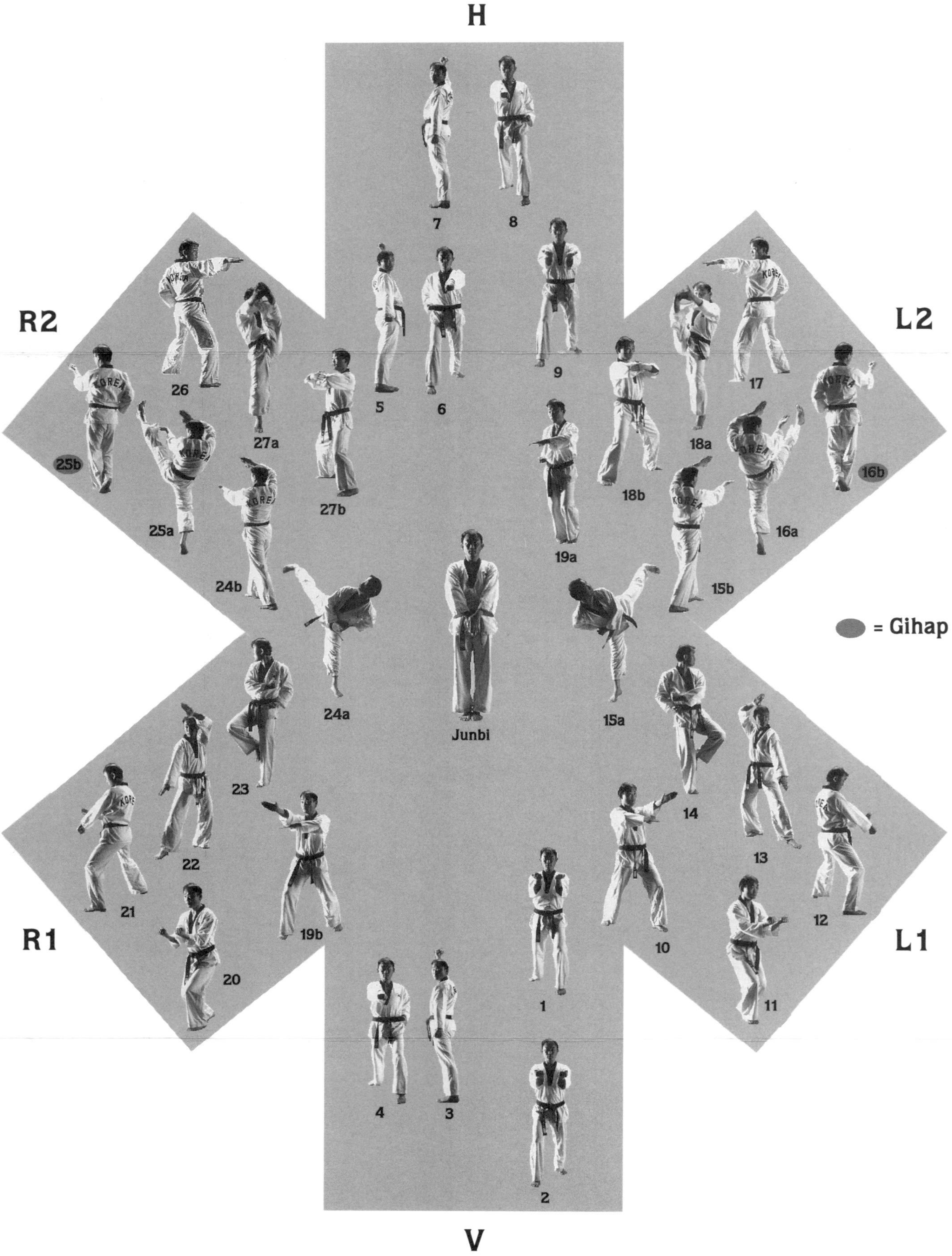
H
7
8
R2
L2
26
27a
5
6
9
17
18a
25b
16b
27b
18b
25a
16a
24b
19a
15b
= Gihap
24a
Junbi
15a
23
14
22
13
21
19b
10
12
R1
L1
20
1
11
4
3
2
V

Ilyo

Nr. 17 卍

H
L
R
4
5
6
7
8
9
17
V

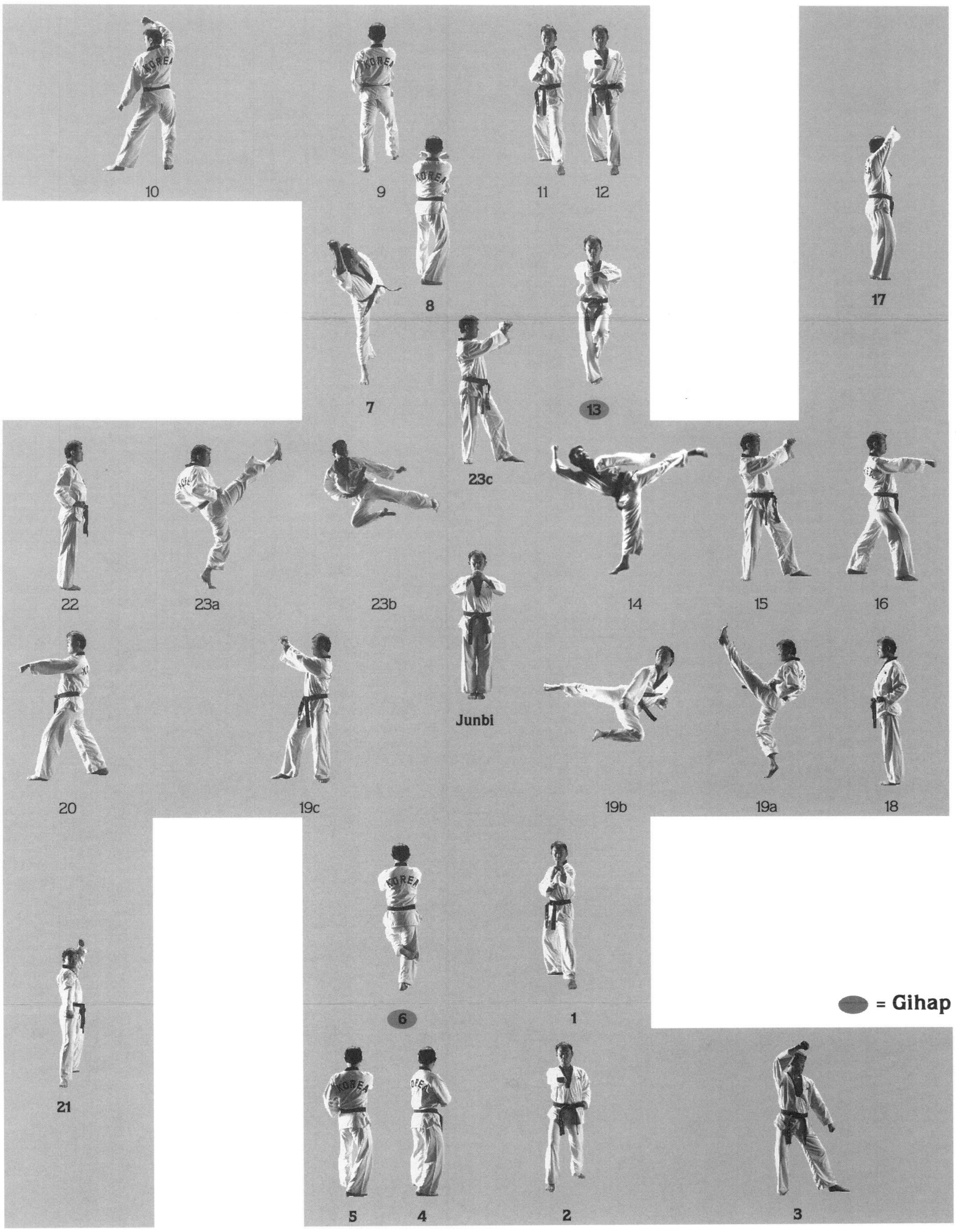
H
H1
R1
10
9
11
12
8
17
7
13
23c
22
23a
23b
14
15
16
R
L
20
19c
Junbi
19b
19a
18
6
1
= Gihap
21
5
4
2
3
L1
V1
V

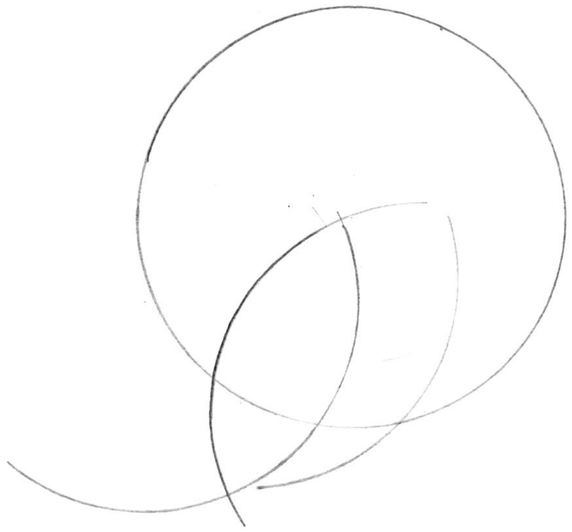